Richard Willy Thomas Günther

Festkreis des Jahres

Richard Willy Thomas Günther

Festkreis des Jahres

Predigten

Fromm Verlag

Impressum / Imprint
Bibliografische Information der Deutschen Nationalbibliothek: Die Deutsche Nationalbibliothek verzeichnet diese Publikation in der Deutschen Nationalbibliografie; detaillierte bibliografische Daten sind im Internet über http://dnb.d-nb.de abrufbar.

Bibliographic information published by the Deutsche Nationalbibliothek: The Deutsche Nationalbibliothek lists this publication in the Deutsche Nationalbibliografie; detailed bibliographic data are available in the Internet at http://dnb.d-nb.de.

Coverbild / Cover image: www.ingimage.com

Verlag / Publisher:
Fromm Verlag
ist ein Imprint der / is a trademark of
OmniScriptum GmbH & Co. KG
Heinrich-Böcking-Str. 6-8, 66121 Saarbrücken, Deutschland / Germany
Email: info@frommverlag.de

Herstellung: siehe letzte Seite /
Printed at: see last page
ISBN: 978-3-8416-0543-6

„Worte bleiben an der Küste.“

(Sufi-Weisheit)

Mein besonderer Dank gilt Inge Müller für die lektorale Arbeit und alle Unterstützung. Andreas Schmidt danke ich sehr für die Korrekturen. Dank auch an Claudia Kaiser und den Fromm Verlag. Ebenso möchte ich den Ullstein Buchverlagen danken für die freundliche Genehmigung zum Abdruck des Gedichtes „Mondscheinlerche“ von Gerhart Hauptmann.

Inhalt Seite

1. Advent 2013

Liebe Gemeinde,

es gibt so viele schöne alte Lieder in unserem Gesangbuch … und einige davon sind besondere Edelsteine. Und da meine ich die, die der Volksdichtung entspringen. Die sind häufig ganz dicht am Empfinden der Menschen, ganz dicht an tiefen Erfahrungen. Und sie sind häufig sehr farbig und in ihrer Einfachheit ganz poetisch. Dazu gehört das Lied „Es kommt ein Schiff geladen ...“, EG 8.
Wir singen jetzt die ersten drei Strophen:

1. Es kommt ein Schiff, geladen bis an sein' höchsten Bord,
trägt Gottes Sohn voll Gnaden, des Vaters ewigs Wort.

2. Das Schiff geht still im Triebe, es trägt ein teure Last;
das Segel ist die Liebe, der Heilig Geist der Mast.

3. Der Anker haft' auf Erden, da ist das Schiff am Land.
Das Wort will Fleisch uns werden, der Sohn ist uns gesandt.

Es ist ein Lied, welches auf den Mystiker Johannes Tauler zurückgeht. Der lebte von 1300 bis 1361 und war Dominikanermönch in Straßburg. Mystiker, von denen habe ich schon viel erzählt. Es sind Leute, die unabhängig von kirchlich-offizieller Theologie sich auf die Gottessuche machen. Es ist ein innerer Weg, die Suche nach Gott mit und in der eigenen Seele. Auch Taulers Texte wurden von offizieller kirchlicher Seite kritisiert, genau wie die von Meister Eckhart oder später dann Jacob

Böhme. Es ist gut möglich, daß der Text dieses Liedes von Tauler nur bearbeitet wurde und sich auf ein Volkslied bezieht, aber darüber ist nichts näheres bekannt. Deutlich wird, die ersten drei Strophen haben das Schiff als ein Bild für die schwangere Gottesmutter als Motiv. Das kommt dann in den drei weiteren Strophen nicht mehr vor. Sehr wahrscheinlich bestand dieses Lied ursprünglich nur aus diesen ersten drei Strophen.

Gleichzeitig finden wir das Bild vom Meer und vom Land. Das Gotteskind kommt aus dem Meer. Das Meer ist bei den Mystikern ein Bild für Gott, für die göttliche oder geistige Sphäre. Ganz modern schreibt darüber der Benediktinermönch und buddhistischer Zenmeister Willigis Jäger, der in Würzburg ein geistliches Meditationszentrum gegründet hat und heute noch leitet. Er hat ein Buch geschrieben mit dem vielsagenden Titel „Die Welle ist das Meer“. Das Meer – die Welt Gottes. Das war früher noch viel deutlicher für die Menschen, denn man konnte nicht auf's Meer. Die Schiffahrt fand nur immer an den Küsten entlang statt. Das Meer war fremd und unheimlich, das Meer war das Reich der Geister, das Reich des Geistes. Das Land ist unsere Menschenwelt. Aus der Welt des Geistes, aus der Welt Gottes kommt das göttliche Kind. Zu uns Menschen. Und wenn etwas vom Meer kommt, dann mit dem Schiff. Das Schiff ist das Symbol für die Mutter Maria. Das Kind ist gezeugt im Göttlichen und wird gebracht zu uns Menschen. Maria bringt Göttliches hin zum Menschlichen. Wir singen noch einmal die ersten drei Strophen … achten Sie einmal auf den Rhythmus:

EG 8: 1-3

Bei diesem Lied gibt es eine musikalische Besonderheit. Es gibt einen Taktwechsel. Erst ein Dreiertakt, ein tänzerischer Takt, dann ein gerader Takt, Zweier- oder Vierertakt, eher ein Marschtakt. Ich singe es noch mal auf *la la* vor …

Das tänzerisch Leichte, das Schwebende und Bewegliche steht für das Meer, für die Gotteswelt. Das marschmäßig Schwere steht für das erdgebundene Menschliche,

Sterbliche. Erst im Dreier- und also Tanztakt das Meer … oder Gott. Dann im Zweier- oder Marschtakt das Land mit seiner Starre und uns sterblichen Menschen.
In Jesus schickt uns Gott ein Stück Meer, oder ein Stück Gotteswelt in unsere Menschenwelt. Er schickt es uns, damit wir Menschen zu Gott kommen könne, damit wir Menschen göttlich werden können. Christus zieht uns ins Meer der Göttlichkeit. Und das wird dann im Volksstil weitergedichtet und dann in unserer letzten Strophe auch theologisch erklärt. Wir singen die Strophen 4 bis 6:

4. Zu Bethlehem geboren im Stall ein Kindelein,
gibt sich für uns verloren; gelobet muß es sein.

5. Und wer dies Kind mit Freuden umfangen, küssen will,
muß vorher mit ihm leiden groß Pein und Marter viel,

6. danach mit ihm auch sterben und geistlich auferstehn,
das ewig Leben erben, wie an ihm ist geschehn.

Christus lebt es uns vor. Er nimmt das Leiden dieser Erdgebundenheit auf sich ... ja ... bis hin zum schlimmsten Leiden, welches Menschen durchleben müssen: Folter und gewaltsamer Tod. Und er sagt mit seinem ganzen Hiersein und seiner Auferstehung: Seid ganz hier als Menschen, tragt auch das Leid, dann werdet Ihr erhoben werden in die Göttlichkeit, werdet Teil der göttlichen Welt, wir werden zum tänzerisch Leichten, zum Beweglichen, wir werden zu Meer, wir werden göttlich.
Das Meer ist Gott. Ein Bild der Mystiker. Jede Seele ist göttlich, auch unsere Seelen sind göttlich. Jede Seele ist wie eine Welle, praktisch eine besondere, vorübergehende Form eines Stückes Meer. So wie die Welle Teil des Meeres ist und eigentlich Meer ist, so ist unsere Seele eigentlich göttlich, Teil Gottes, so formulieren es die mystischen Gottessucher in vielen Traditionen.
Im Christlichen ist Maria das Schiff, das Gefäß, welches Gott zu uns bringt. Deshalb

gibt es im Katholischen die Marienverehrung, die von den vielen Evangelischen abgelehnt wird. Doch ich glaube, das beruht auf einem Mißverständnis. Maria wird nicht angebetet, sie wird lediglich verehrt und als Fürsprecherin angesprochen. „Maria, bete für uns!“ „Ora pro nobis!“ beten Christen. Und das dürfen wir. Immer haben Menschen Fürsprecher im Geistigen gehabt und haben sie noch heute. Wer medial begabte Menschen kennt oder ihre Bücher liest, der Schotte Gordon Smith beispielsweise oder Kim-Anne Jannes. Menschen, die Kontakt zum Geistigen haben, die erzählen von Helfern, Fürsprechern und Übersetzern in der anderen Welt. Aber auch der Araber Muhyid-din Ibn Arabi erzählt von der Begegnung mit Helfern und Freunden in der geistigen Welt, das wissen die, die im Oktober zur Lesung in Reginas Laden waren. Auch der von mir mehrfach erwähnte Paracelsus erzählt davon. Und Jesu Helfer sind u.a. Elia und Mose, die vor Jahrhunderten gestorbenen Propheten. Maria ist für viele Christen eine Ansprechpartnerin im Geistigen, im Göttlichen. Eine Helferin und Fürsprecherin. Das darf sein. Und deshalb hat dieses Lied im römisch-katholischen Gotteslob eine Strophe mehr:

7. Maria, Gottes Mutter, gelobet mußt du sein.
Jesus ist unser Bruder, das liebe Kindelein.

Und mit dieser siebenten Strophe ist auch ein Rahmen gegeben. Mit dem Schiff, mit dem Gefäß des Göttlichen, mit Maria fängt das Lied an und mit Maria hört es auf. Maria, die Mittlerin zwischen dem Meer und dem Land, zwischen dem Göttlichen und dem Menschlichen.

Lassen Sie uns zum Schluß alle sieben Strophen dieses schönen Liedes singen:

EG 8: 1-6 (7)

2. Advent 2013

Seht auf und erhebt eure Häupter, weil sich eure Erlösung naht. Lukas 21, 28

Verse zum Advent – Theodor Fontane

Noch ist Herbst nicht ganz entflohn,
Aber als Knecht Ruprecht schon
Kommt der Winter hergeschritten,
Und alsbald aus Schnees Mitten
Klingt des Schlittenglöckleins Ton.

Und was jüngst noch, fern und nah,
Bunt auf uns herniedersah,
Weiß sind Türme, Dächer, Zweige,
Und das Jahr geht auf die Neige,
Und das schönste Fest ist da.

Tag du der Geburt des Herrn,
Heute bist du uns noch fern,
Aber Tannen, Engel, Fahnen
Lassen uns den Tag schon ahnen,
Und wir sehen schon den Stern.

Liebe Gemeinde,

Advent – Ankunft. Ich erinnere mich an meine Kindheit, da war der Advent eine besonders schöne Zeit. Jeden Sonnabend und Sonntag wurde Lichtelstunde gemacht. Alle Kerzen an Pyramiden, Bergmann und Engel wurden angezündet, kein elektrisches Licht. An der Decke sah man die sich überlagernden Muster der sich drehenden Pyramidenflügelblätter. Räucherkerzchen natürlich. Und Kaffee für die Eltern und Kakao für uns Kleinen und Pfefferkuchen. (Den Christstollen – Symbol für das gewickelte Kind in der Krippe – gibt's ja erst zu Weihnachten – wie sich das gehört.) Ja, bis Weihnachten, da ist es noch weit. Eine lange Zeit, - sofern man Kind ist – noch mehr als drei Wochen, dann noch zwei Wochen. Und so weiter. Der Advent war ein gestalteter Weg hin zum großen Fest.

Früher war der Advent eine Fastenzeit. Man verzichtete auf manchen Genuß. Man wurde still. Man befragte sich selbst, sein eigenes Leben. Bin ich bereit zur Begegnung mit Christus, mit Gott?

Es ist die Zeit innerer Einkehr. Der Advent ist ein Weg von außen nach innen. Ein Weg von den Äußerlichkeiten zum Zentrum unseres Sein und dieses Zentrum ist die Seele in uns. Die von Gott entzündete Seele, die deshalb auch göttlich ist.

Den Weg von außen nach innen geht auch Theodor Fontane in seinem Gedicht *Verse zum Advent*. Es hat nur drei Strophen und beginnt mit dem, was man sehen kann in diesen Tagen. Ich lese die erste Strophe.

Noch ist Herbst nicht ganz entflohn, / Aber als Knecht Ruprecht schon
Kommt der Winter hergeschritten, / Und alsbald aus Schnees Mitten
Klingt des Schlittenglöckleins Ton.

Ja, die Natur, mit der kannte sich Theodor Fontane aus. Denn er war ein großer Wanderer. „*Wanderungen durch die Mark Brandenburg*", so der Titel eines seiner bedeutendsten Werke. Da beschreibt er die ärmliche Brandenburger Landschaft und wie er da bei den Herrenhäusern einkehrt oder auch beim jeweiligen Pfarrer zu Gast ist. Und er beschreibt natürlich die Landschaft, die Natur. Und Fontane wußte: In diesen Tagen jetzt, da kippt es gerade vom Herbst hin zum Winter. Die letzten Blätter fallen ab. Die Rosen im Garten werden angehäufelt, um sie vor dem starken Frost zu schützen. Mit dem nun bald zu rechnen ist. *Noch ist der Herbst nicht ganz entflohn, / Aber als Knecht Ruprecht schon / Kommt der Winter hergeschritten,*

Mit diesen knappen Worten ist skizziert, was draußen in der Natur zum Beginn des Advents passiert. So sind jetzt die Tage. Nehmen wir es noch wahr? Oder rammeln wir schon durch die Geschäfte und zu den Weihnachtsmärkten unserer Republik? Gönnen Sie sich Zeiten der Ruhe und des Schauens. Gehen Sie auch mal in der Nachmittagsdämmerung oder abends im Dunkeln ein paar Schritte spazieren. Und spüren Sie den Duft der nassen Erde und des modernden Laubs, was hoffentlich nicht überall weggeräumt wurde, denn es ist wichtig für den Kreislauf der Nährstoffe im Boden.

Auch in der zweiten Strophe bleibt Fontane bei dem, was da draußen passiert, nur in der letzten Zeile wendet er den Blick hin zum Fest.

Und was jüngst noch, fern und nah, / Bunt auf uns herniedersah,
Weiß sind Türme, Dächer, Zweige, / Und das Jahr geht auf die Neige,
Und das schönste Fest ist da.

Das ist für mich auch immer so verblüffend. Der erste Schnee. Weißer Zauber überall. Aber ich weiß auch, wie mir bald die Farben in der Natur zu fehlen beginnen. Winterstarre bald. Es ist die Zeit, wo wir es uns drinnen gemütlich machen. Auf folgenden Irrtum habe ich schon mehrfach hingewiesen. Der November ist gar nicht so grau und schmuddelig, wie viele sagen. Der eigentliche dunkle Monat ist der Dezember. Doch da merken wir es gar nicht. Wir sitzen im Kerzenschein gemütlich in unseren Zimmern. Und das Schmuddelwetter draußen wird durch immer hellere Weihnachtsstadtbeleuchtung weggemacht. Einmal im Advent 2004 war ich nach einer kleinen Operation krankgeschrieben und da fuhr ich ins Wendland. Dort ist es nicht üblich, so zu schmücken und zu beleuchten im Advent. Nur ganz sparsam. Und das fand ich sehr schön. Es wird der Stille, die im Advent eigentlich geboten ist von jeher, mehr gerecht. Ja, draußen ist's kalt und tot. Innen ist's warm und gemütlich. Es ist die Zeit der Seelensuche. Machen Sie sich auf den Weg nach ganz innen. Suchen Sie den göttlichen Seelenfunken in sich selbst. Suchen Sie Gott in sich selbst. So hat es einst Meister Eckhart geschrieben.

Der Advent ist eigentlich ein Symbol für unseren gesamten Lebensweg. So sollte es eigentlich sein. Unser Leben sollte ein Weg von außen nach innen sein. Das heißt nicht, man soll die Welt, das außen meiden. Aber man soll den Weg hin zum Gottesfunken in sich selbst gehen, beschreiten. Diese Nähe zu Gott mehr und mehr suchen. Dann wird auch alles Außen beseelt und bekommt Leben und einen Gotteshauch. Das ist der Sinn unserer Erdentage: Der Weg vom kalten und toten Außen zum lichten und liebenden Gott in unserer Seele.

Und so kommt Fontane, der große Wanderer durch's Märkische, auch dann hin zum Kind im Stall, zu Gott in sich selbst.

Tag du der Geburt des Herrn, / Heute bist du uns noch fern,
Aber Tannen, Engel, Fahnen / Lassen uns den Tag schon ahnen,
Und wir sehen schon den Stern.

Er spricht nun das Fest ganz direkt an *Tag du der Geburt des Herrn*. Und dann ganz am Ende der Stern. Wieder das Weg- und Wandermotiv. Denn der Stern gab den drei weisen Wanderern aus dem Morgenlande die Richtung an. Die Richtung hin zum Stall und zum Kind.

Ob Fontane an Meister Eckhart dachte, ob er dessen Schriften kannte, ich weiß es nicht. Aber der schrieb einst: „ … und es gebiert der Vater seinen Sohn in der Seele in derselben Weise, wie er ihn in der Ewigkeit gebiert, … er gebiert mich als seinen Sohn. Ich sage noch mehr: Er gebiert mich nicht allein als seinen Sohn; er gebiert mich als sich und sich als mich und mich als sein Sein und seine Natur."

Unser Leben soll wie ein großer Advent sein. Vom Außen zum Innen. Vom Getrenntsein von Gott und dem Leben hin zur Gemeinschaft mit Gott und allen seinen Äußerungen, denn die Welt mit ihrer Natur und allen Geschöpfen ist nichts anderes als die Gesamtheit der Äußerungen Gottes. Wir sind Teil dieser Äußerungen Gottes. Dies zu verinnerlichen, damit können wir jetzt in diesem Advent beginnen, aber bitte *nie* damit aufhören. Amen.

Weihnachten 2013

13 Als sie aber hinweggezogen waren, siehe, da erschien der Engel des Herrn dem
Josef im Traum und sprach: Steh auf, nimm das Kindlein und seine Mutter mit dir
und flieh nach Ägypten und bleib dort, bis ich dir's sage; denn Herodes hat vor, das
Kindlein zu suchen, um es umzubringen.
14 Da stand er auf und nahm das Kindlein und seine Mutter mit sich bei Nacht und
entwich nach Ägypten 15 und blieb dort bis nach dem Tod des Herodes.
(Matthäus 2, 13-15a)

Liebe Gemeinde,

kurz vor meinem Urlaub im November machte ich mit einem Freund zusammen eine für mich bedrückend eindrucksvolle Fahrt. Wir fuhren nach Cottbus und besuchten dort die Gedenkstätte im ehemaligen DDR-Gefängnis für politische Häftlinge. Das Eindrückliche war, Andreas, mein Freund, saß dort zu DDR-Zeiten von 1977 bis 79 ein, und ich erlebte ihn, wie er diesen Ort mit seinen ganzen Erinnerungen verband. Mehrfach wischte er sich die Augen. Und was er mir erzählte über die Strafmaßnahmen, die Schikanen, die Ängste, auch Todesängste, das ist für mich nur schwer nachfühlbar, so schrecklich ist es.
Für mich ist immer wieder eine Frage: Warum müssen Menschen so etwas erleiden? Warum gibt es so böse Menschen und warum Diktatur?
Und vielleicht fragen Sie sich jetzt, warum redet der Pfarrer zu Weihnachten von solch schlimmen Dingen?

Auch das Weihnachtsgeschehen vor rund 2000 Jahren fand in politisch schlimmen Zeiten statt. Judäa war besetzt, war eine Provinz des Römischen Reiches. Judäa hatte zwar einen König, aber das war ein machtloser Verwalter der judäischen Provinz. Und er war ein Diktator, skrupellos und brutal. Denn als er von den drei Weisen aus dem Morgenlande erfuhr, der neue judäische König sei geboren, da ließ er von seinen Beratern in den alten Schriften forschen, wo der König geboren sein solle. Die nannten die Stadt Bethlehem und Herodes verfügte den Mord an allen Knaben bis zwei Jahre. Ein brutales, schlimmes Geschehen. Und da setzt unser Predigttext ein, ich lese aus Matthäus, Kapitel 2:

„ ... da erschien der Engel des Herrn dem Josef im Traum und sprach: Steh auf, nimm das Kindlein und seine Mutter mit dir und flieh nach Ägypten und bleib dort, bis ich dir's sage; denn Herodes hat vor, das Kindlein zu suchen, um es umzubringen.
14 Da stand er auf und nahm das Kindlein und seine Mutter mit sich bei Nacht und entwich nach Ägypten 15 und blieb dort bis nach dem Tod des Herodes, ... “

Wir alle haben zuhause vielleicht eine schöne Krippe. Ich stellte mir das als Kind immer sehr romantisch vor. Das muß schön gewesen sein in diesem Stall. Aber nein, das war es nicht. Wenn die Geburt Jesu wirklich im Winter geschehen sein sollte – man weiß das nicht – dann ist es auch in Bethlehem sehr kalt. Und dann eben die Todesgefahr. Ein Engel erscheint dem Josef.

Josef. Der Josef ist auch so eine interessante Figur. Seine Verlobte ist auf einmal schwanger. Eine damals ganz schwierige Situation. Josef will sie einfach so verlassen. daß seine Verlobte von einem anderen schwanger ist, das ist eine Demütigung. Doch dann erscheint ihm ein Engel und sagt ihm, dieses Kind sei von Gott und von keinem Manne, er solle bei ihr bleiben. Und das macht er auch. Ob er sich einen Reim darauf machen konnte? Ich kann mir vorstellen, Josef war trotz Engelerscheinung nicht immer glücklich in seiner schwierigen Situation. Und jetzt auch noch die Todesgefahr für das kleine Jesuskind. Die junge Familie wird eine Flüchtlingsfamilie. Während wir Weihnachten feiern, sind etwa zwei Millionen Syrer auf der Flucht. Sind im Libanon oder in Jordanien. Einige wenige auch in Europa.

Zwei Millionen syrische Flüchtlinge, jeder zehnte Syrer mußte seine Heimat bis jetzt verlassen, aus Angst, in diesem Krieg umzukommen. Unter diesen Flüchtlingen sind etwa eine Millionen Kinder. Eine Million syrische Kinder jetzt zu Weihnachten auf der Flucht in Lagern in der Türkei oder sonstwo.

Und wir hier feiern ganz gemütlich und schön Weihnachten – und dürfen das auch genießen – in doch relativ sicheren Zuständen.

Also auch Josef und Maria und das Kind auf der Flucht. Diese Flucht ist oft gemalt worden. Da sieht man dann die Familie in herrlich romantischer Landschaft, wie sie Rast hält. Und auch da wurde viel idyllisiert.

Was kann uns nun diese Flucht erzählen, wenn wir heute Weihnachten feiern. Ich glaube dies: Gott verbündet sich mit all denen, die unter Diktatur und Unrecht leiden. Gott begibt sich mittendrein.

Er leidet mit, ist auf der Flucht.

Das Gotteskind kann der Gefährdung entzogen werden. Dann wächst es heran und beginnt in die Öffentlichkeit zu wirken. Und Jesus bringt den Menschen Liebe und Heil. Und dort wo Jesus wirkt und den Menschen begegnet, da spüren sie, es gibt ein Geborgensein jenseits von unserer irdischen Unsicherheit, jenseits von Gefährdung und Not. Jenseits von Diktatur und Krieg. Und am Ende seines Wirkens wird er auch noch Opfer dieses judäischen Unrechtsregimes unter der römischen Besatzung. Und so sagt uns die Geburt Jesu, es gibt Heil trotz allem Unheil. Alles was geschieht, auch alles Schreckliche und unverständlich Brutale ist eingebunden in ein höheres Heilshandeln, in höhere göttliche Zusammenhänge und diese Zusammenhänge sind von Liebe und Heil geprägt.

Und immer mal wieder gelingt es dem Heil, auch hier in unseren irdischen Gegebenheiten durchzudringen.

„Dieses System ist zusammengebrochen, aber ich lebe!“ Diesen Satz sagte Andreas mehrfach sinnend vor sich hin, als wir am 23. Oktober durch das Gelände des ehemaligen Stasi-Gefängnisses in Cottbus liefen. Im August 1982 wurde er vom

Westen freigekauft und in den Westen abgeschoben. Seither wirkt er für Freiheit und gegen Diktatur, auch gegen die grassierende Verharmlosung der DDR-Diktatur. Er lebt wieder hier in Sachsen, engagiert sich auch ganz stark im Tierschutz. Und er ist nicht bitter geworden, ganz im Gegenteil, Andreas ist einer der sanftesten Menschen, die ich kenne.

Das Weihnachtsgeschehen war keine idyllische Angelegenheit, es fand inmitten von Armut und Bedrohung statt. Kurz nach der Geburt Jesu war sein Leben sogar in Gefahr, so daß Jesus ein Flüchtlingskind wurde. Diese Tatsache mag uns Trost und Gelassenheit vermitteln, wenn wir in Gefährdungen hineingeraten, sei es nun Krankheit, Arbeitslosigkeit oder was auch immer.

Ibn Arabi schrieb einst im frühen 13. Jahrhundert:

Die höchste Bestimmung der ganzen Welt ist es,
die Stätte der reinen Vergebung und
des (rahamut) allerhöchsten Erbarmens zu sein.

Weihnachten macht klar: Letztlich ist alles eingebunden in ein großes Heilsgeschehen. Amen.

Silvester 2013

Barmherzig und gnädig ist der Herr, geduldig und von großer Güte. (Psalm 103, 8)

Liebe Gemeinde,

Thomas von Aquin ist der großen Begründer der westlichen Theologie. Er brachte das Denken und die Philosophie der klassischen griechischen Philosophen in das Denken der Theologie ein. Besonders Aristoteles und seine Art zu denken, die Welt und das Sein zu deuten. Aristoteles starb 322 v.Ch. in Griechenland. Der große Theologe Thomas von Aquin hingegen lebte im 13. Jahrhundert. Was ist das überhaupt: Theologie? Zu Beginn meines Studiums lernten wir eine sehr gute Definition: *Theologie ist die denkerische Verantwortung unseres Glaubens.* Theologie setzt sich aus zwei Worten zusammen: Theos und Logos. Also Gott und Wort. Das Reden von Gott. Ja, wir Menschen müssen darüber reden, wie wir glauben und wie wir uns das denken mit dem Glauben. Und Theologie hat diese Rede von Gott zu einer großen intellektuellen Leistung gebracht. Dicke Bücher mit komplizierten Überlegungen, Bücher, die sich auch immer aufeinander beziehen, der eine nimmt etwas auf, was der andere Theologe vor Jahren oder Jahrhunderten gedacht und geschrieben hat. Und er formuliert diesen Gedanken weiter und entwickelt etwas weiter, baut am großen Gebäude der Theologie ein Stück dazu. Einer der ganz großen Baumeister in der Theologie war Thomas von Aquin. Aquino liegt in Italien. Und Thomas von Aquin liebte dieses theologische Denken so sehr, daß er in den Dominikaner-Orden eintrat, dem Orden der Theologen, Mönch bei den Dominikanern.

Theologie – Reden von Gott.

Einer redet von Gott, nämlich der Schreiber des Psalms 103. Und aus diesem Psalm steht ein Vers über diesem heutigen Silvestertag. Ich lese Vers 8 aus Psalm 103:

Barmherzig und gnädig ist der Herr, geduldig und von großer Güte.

Das ist ein Satz, der kommt weniger aus dem Kopf, der kommt mehr aus dem Herzen. Das ist eher ein spontaner Ausruf als ein am Schreibtisch ausgedachter und niedergeschriebener Satz. Ein großes Staunen steht dahinter. Und der ganze Psalm 103 ist ein großes Staunen über die Güte Gottes. Ich zitiere mal nur einige Verse daraus und ganz willkürlich.

6 Der HERR schafft Gerechtigkeit und Recht allen, die Unrecht leiden.

7 Er hat seine Wege Mose wissen lassen, die Kinder Israel sein Tun.

8 Barmherzig und gnädig ist der HERR, geduldig und von großer Güte.

9 Er wird nicht für immer hadern noch ewig zornig bleiben.

10 Er handelt nicht mit uns nach unsern Sünden und vergilt uns nicht nach unsrer Missetat.

11 Denn so hoch der Himmel über der Erde ist, läßt er seine Gnade walten über denen, die ihn fürchten.

Was ist das für ein Mensch, der so etwas ausruft. Irgendwie muß es ein einschneidendes Erlebnis der Größe und Güte Gottes gewesen sein. Wir wissen leider nichts darüber, aber wenn man den Psalm 103 liest, da spürt man Begeisterung und ein großes Staunen. Ein Überfließen von Emotionen von Dank und Freude. Irgendetwas muß geschehen sein. Leider ist das Erlebnis, welches diesen Mann – es steht drüber *„Ein Psalm Davids"* es kann also David gewesen sein, aber man kannte damals das Urheberrecht nicht, solche Zuschreibungen sind nicht wörtlich zu nehmen – aber irgendein wunderbares Erlebnis muß David oder eben den Schreiber des Psalms 103 zu solch überschwenglichen Worten gebracht haben. Irgend eine großartige Gottes-Erfahrung.

Es gibt also unterschiedliches Reden von Gott. Das theologische, meist am Schreibtisch oder in den Disputen auf der Universität. Und das Reden von Gott, welches aus unmittelbarem Erleben der Nähe Gottes entspringt. Sie ahnen es schon, mir ist das Reden wie in Psalm 103 lieber. Aber das kann ich gar nicht so sagen. Denn das, was ich im Studium gelernt habe, lernen durfte, ist auch von großem Wert. Also die große Entdeckung in der Theologie: Die Texte der Bibel sind auch Spiegel ihrer jeweiligen Entstehungszeit und der damals prägenden Kultur. Die Bibel ist nicht gleich Wort Gottes. Das zeigt schon die Entstehung dieser Sammlung von Büchern und Schriften in dem Buch, welches wir heute „Die Bibel" nennen. Erst im späten 5. Jahrhundert war der Prozeß beendet, erst da hat man sich, haben Theologen und Bischöfe auf Konzilien sich geeinigt, welche Schriften zur Bibel gehören sollen. Das Petrusevangelium flog raus und auch das Thomasevangelium. Es gibt also Schriften, die zu Beginn der Kirche in den ersten vier Jahrhunderten – ganz grob eingeordnet – eine Rolle in den Gemeinden spielten, aber eben später nicht mehr. Das sind also auch ganz menschliche Prozesse von Diskussion und Entscheidung, von Streit und Kompromiß. Erst mit dem Hintergrund dieses Wissens kann ich etliches in den Texten als Botschaften der damaligen Gesellschaft, der damaligen Kultur lesen, und doch finde ich dann auch das Reden Gottes, das Handeln Gottes, das Eingreifen Gottes in unsere Menschenwelt, all das gespiegelt in den Texten der Bibel, auch in den Texten der Theologie.

Und doch gab und gibt es eine Verlockung und eine Gefahr. Immer wieder – scheint mir – wurde und wird das Theologisieren dann und wann als die höchste Form des Redens von Gott angesehen. Manches große theologische Standardwerk scheint den Glauben und das was wir von Gott denken sollen, umfassend erklären und definieren zu wollen. Doch Theologie ist nicht die höchste Form der Gottesverkündigung.Paulus hat einmal gesagt „Unser Wissen ist Stückwerk". Unseren Intellekt brauchen wir, um hier in unserer Menschenwelt zurecht zu kommen, um die Dinge und unser Leben zu ordnen. Die Theologie mag in dieser Weise mir helfen, meinen Glauben denkerisch zu ordnen. Und doch ist das Reden und Erzählen von der direkten Gottesbegegnung tiefer und brennender und rührt mich nicht nur in meinem Kopf an, sondern in meinem Herzen, in meinem ganzen Wesen. Und es weckt in mir nicht die Lust, über den Glauben nachzudenken, sondern es weckt die Sehnsucht nach der Begegnung mit Gott. Lust nach irgend so etwas, was der Beter des Psalms 103 erlebt haben muß.

Thomas von Aquin. Bis heute gilt er als der große Vater der westlichen Theologie. Sein bedeutendstes Werk heißt *„Summa Theologicae"*, *„Die Summe Der Theologie"*. Der Titel ist ziemlich stolz. Doch auch Thomas von Aquin machte eine ähnliche Erfahrung wie der Beter des Psalms 103.

Am 6. Dezember 1273 beginnt das Schweigen des Thomas von Aquin. Und sein Mitbruder Bartholomäus von Capua berichtet folgendes davon: „Als Bruder Thomas die heilige Messe in der Kapelle des hl. Nikolaus feierte, ergriff ihn eine erstaunliche Veränderung. Nach seiner Messe hat er nicht mehr geschrieben, noch irgendetwas diktiert, vielmehr das Schreibgerät bei der Tertia (dem dritten Band) seiner Theologischen Summe, beim *„Traktat über die Buße"*, niedergelegt." Er wird natürlich gefragt, warum er nicht mehr schreibe, hier die Antwort des Aquinaten: „Ich kann nicht mehr, denn alles, was ich geschrieben habe, scheint mir wie Stroh zu sein im Vergleich mit dem, was ich gesehen habe und was mir offenbart worden ist." ... Drei Monate später, am 7. März 1274 stirbt Thomas von Aquin.

Unser Leben darf also auf die lebendige Erfahrung der Nähe Gottes hin zielen. Dies anzustreben, ist das edelste, was wir tun können und dazu ist keiner zu gering. Wir sind alle Kinder Gottes. Geht und gehen Sie mit diesem Wissen ins neue Jahr 2014, dann wird es – komme was wolle – ein gutes Jahr werden. Amen.

Reminiszere 2011

38 Da fingen einige von den Schriftgelehrten und Pharisäern an und sprachen zu ihm:
Meister, wir möchten gern ein Zeichen von dir sehen. 39 Und er antwortete und
sprach zu ihnen: Ein böses und abtrünniges Geschlecht fordert ein Zeichen, aber es
wird ihm kein Zeichen gegeben werden, es sei denn das Zeichen des Propheten Jona.
40 Denn wie Jona drei Tage und drei Nächte im Bauch des Fisches war, so wird der
Menschensohn drei Tage und drei Nächte im Schoß der Erde sein.
41 Die Leute von Ninive werden auftreten beim Jüngsten Gericht mit diesem
Geschlecht und werden es verdammen; denn sie taten Buße nach der Predigt des
Jona. Und siehe, hier ist mehr als Jona. 42 Die Königin vom Süden wird auftreten
beim Jüngsten Gericht mit diesem Geschlecht und wird es verdammen; denn sie kam
vom Ende der Erde, um Salomos Weisheit zu hören. Und siehe, hier ist mehr als
Salomo. (Matthäus 12, 38-42)

Liebe Gemeinde,

der Engländer Thomas Coryat brach im Jahre 1608 auf und lief zu Fuß durch Europa. Er gilt heute als der Begründer der sogenannten Grand Tour. Junge Adlige oder Reiche machten eine Große Tour (Grand Tour), meistens nach Italien, welches als das Kulturland Europas galt. Die Reiselust dieses Mannes und überhaupt der Engländer – *Seefahrernation* – hat dieser großartigen Nation viel gebracht. Wissen und Kultur kam auf die britischen Inseln und wurden dort zu eigener Kultur geformt und veredelt. Thomas Coryat brachte z.B. den Gebrauch der Gabel beim Essen nach England. Na ja, großartig, werden Sie denken. Doch bei der Gabel blieb es nicht, dazu später mehr.

Mich haben als Junge die großen Reisenden immer interessiert. Marco Polo. Aber auch der bereits erwähnten Samuel Johnson, der nur einmal nach Frankreich und auf die Hebriden gekommen sind.

In unserem Text wird auch eine große Reisende – eine Frau – genannt, als Vorbild gar erwähnt. Es ist die Königin von Saba. Hören wir den Predigttext aus dem Matthäusevangelium Kapitel 12:

38 Da fingen einige von den Schriftgelehrten und Pharisäern an und sprachen zu ihm: Meister, wir möchten gern ein Zeichen von dir sehen. 39 Und er antwortete und sprach zu ihnen: Ein böses und abtrünniges Geschlecht fordert ein Zeichen, aber es wird ihm kein Zeichen gegeben werden, es sei denn das Zeichen des Propheten Jona.
40 Denn wie Jona drei Tage und drei Nächte im Bauch des Fisches war, so wird der Menschensohn drei Tage und drei Nächte im Schoß der Erde sein.
41 Die Leute von Ninive werden auftreten beim Jüngsten Gericht mit diesem Geschlecht und werden es verdammen; denn sie taten Buße nach der Predigt des Jona. Und siehe, hier ist mehr als Jona. 42 Die Königin vom Süden wird auftreten beim Jüngsten Gericht mit diesem Geschlecht und wird es verdammen; denn sie kam vom Ende der Erde, um Salomos Weisheit zu hören. Und siehe, hier ist mehr als Salomo. (Matthäus 12, 38-42)

Die Königin von Saba. Noch viel mehr Raum nehmen der Prophet Jona und die Leute von Ninive ein in dieser kurzen Episode, welche übrigens wahrscheinlich noch kürzer verlief, als bei Matthäus und Lukas. Markus, das Evangelium, welches durch seine Entstehungszeit am dichtesten an den Jesusgeschehnissen dran war, erzählt auch von dem Zeichenfordern der Pharisäern. Aber da sagt Jesus einfach nur, es wird kein Zeichen geben und wörtlich heißt es weiter „und er verließ sie und stieg wieder in das Boot und fuhr hinüber.“

Bevor wir uns den von Jesus – oder dem Schreiber – genannten Vorbildern Jona, den Leuten von Ninive und der Königin von Saba zuwenden, wollen wir uns doch die Fragenden anschauen. Die Pharisäer. Sie sprechen ihn mit Meister an. Das ist eine ironisierende Anrede, denn sie hielten von Jesus nichts. Schließlich hatte Jesus keinen Abschluß in einer der Schriftgelehrtenschulen gemacht. Jesus kannte sich offenbar aus in den Schriften, aber er war ein Autodidakt, hat alles sich selbst beigebracht. Er hat nicht die üblichen Karrierestufen erklommen. Deshalb war er den Pharisäern ein Dorn im Auge. Mit seinem Wirken und Reden stellte er die Bildungselite, die gleichzeitig auch die Religionselite war, nämlich die Pharisäer und Schriftgelehrten, infrage. Die Bitte um ein Wunder, um ein Zeichen göttlicher Macht, war eine Herausforderung. Nun kann man fragen, warum Jesus kein Zeichen getan hat. Er hätte ihnen doch beweisen können, daß ihm göttliche Vollmacht übertragen ist. Er hat doch unheilbar Kranke gesund gemacht. Er hat doch Wasser zu Wein gemacht, damit die Party weitergehen konnte in Kana. Nein, dem Wunsch dieser Leute, die ihn einfach nur zur Strecke bringen wollen, ihn reinlegen wollen, dem Wunsch dieser Leute entspricht Jesus nicht. Sie sind nämlich innen verkrustet. Sie leben in ihrem System und wollen nichts daneben gelten lassen. Sie haben ein Lehrgebäude und das ist ihr Haus. Alles, was ihre Lehren infragestellt, muß beseitigt werden.

Das gab es übrigens immer und wird es immer geben, solange Homo Sapiens auf dieser Erde wandelt. Die Kommunisten haben keinen Abweichler gelten lassen. Das Regime in China funktioniert noch so, auch das in Nordkorea. Das gibt's im Großen und Kleinen. Auch in fundamentalistischen Freikirchen funktioniert das so. Wer eine andere Meinung hat, wird unter Druck gesetzt und muß am Ende gehen. Verfestigte Strukturen, verkrustete Herzen.

Jesus gibt sich mit solchen Leuten nicht groß ab. Gut, bei Matthäus und Lukas werden ihnen noch kurz die Leute von Ninive und die Königin von Saba zum Vorbild genannt und das Zeichen des Jona. Jona, der der Legende nach drei Tage im Bauch des Fisches war und diese drei Tage korrespondieren mit den drei Tagen von Kreuzigung bis Auferstehung.

Aber zurück zu Jesu und den Pharisäern. Jesu läßt sich nie auf Diskussionen mit ihnen ein. Auch als sie mit dem Zinsgroschen kommen und ihn in Widersprüche verwickeln wollen, speist er sie mit der kurzen Antwort ab: Gebt Gott, was Gottes ist und dem Kaiser, was des Kaisers ist. Leute, denen es nur um ihre Meinung geht, sind arm dran, sie drehen sich um sich selbst und habe ihr Inneres vom Lebensstrom abgeschnitten.

Anders die Leute von Ninive. Sie waren offensichtlich auf einem falschen Weg. Eine sündige Stadt. Übrigens auch ein altes Motiv. Die Leute in den Städten leben dekadent. Die Dresdner fühlen sich als etwas besseres. Und die Berliner sind ganz verrückt. Sodom und Gomorrha waren Städte, der Turm der Selbstüberschätzung wurde in Babel gebaut. Aber die Leute von Ninive, die waren offen für die Botschaft des Jona. Sie hätten ihn ja auch verjagen können. Nein. Die kehrten um und lebten fortan gut. Und auch die Königin von Saba, sie hätte in ihr Reich, was damals eine Weltmacht war, für den Mittelpunkt der Welt ansehen können, wo alle Weisheit ist. Nein, sie macht sich auf, geht über den Tellerrand ihrer eigenen Kultur hinweg und reist nach Israel, um die Weisheit Salomos zu vernehmen. Übrigens gibt es in Äthiopien, wo man in etwa das Reich Saba verorten mag, heute schwarzafrikanische Menschen, die sich als Juden verstehen und auf diese Episode mit der Königin von Saba wird dies zurückgeführt.

Diese Königin von Saba und die Leute von Ninive, die machen uns das vor, was zum Heil führt. Offenherzigkeit. Innere Beweglichkeit. Sich nie zu sehr festlegen. Wer seine Herzensantennen ausfährt, stößt dann und wann auch auf Gottes Stimme. Es gibt so viele, die es uns vorgemacht haben. Die drei Magier aus dem Morgenland haben so zum Jesuskind im Stall gefunden. Nikodemus, einer der sonst so verhärteten Schriftgelehrten, will es genau wissen und geht nachts zu Jesus und hört zu und findet zum Evangelium.

Thomas Coryat setzt seinen Fuß auch über die Schwelle von San Marco zu Venedig und hört die Kirchenmusik Giovanni Gabrielis. Das war 1608. Zwei Chöre und noch zwei kleine Instrumentengruppen, Favoritchöre genannt, an den verschiedenen Stellen in der Kirche. Thomas Coryat schreibt: „... die beste Musik, die ich je in meinem Leben gehört habe, daß ich bereitwillig jederzeit hundert Meilen zu Fuß gehen würde um dergleichen zu hören.“ Seine Reise und der Einfluß anderer hat diese Musik nach England gebracht und wurde dort weiterentwickelt zu großartiger Musik, wie wir sie dann von Komponisten wie John Dowland oder später Henry Purcell hören können. Bei uns war das der junge Reisende Heinrich Schütz, der dann in Dresden auch diese Musik in eigener Weise komponiert und aufgeführt hat, inspiriert von Giovanni Gabrieli. Und indem ich von dieser Musik rede, erzähle ich etwas sehr persönliches, denn in der geistigen Verlogenheit und in der Tristesse der DDR war genau diese Musik eine Quelle meines inneren Lebens. Im Alter von fünfzehn Jahren begann ich, in die Kreuzchorvesper und in Konzerte mit dieser wunderbaren Kirchenmusik zu gehen. Das hat mir geholfen, die Verbindung zum Leben, zu Gott zu haben. Ich wünsche uns die innere Beweglichkeit der Leute von Ninive, der Königin von Saba und des Thomas Coryat, diese innere Be-weglichkeit und Offenheit, die dann und wann auch zu äußerer Bewegung hin zu einem Ort führen kann, wo wir in besonderer Weise von der Ewigkeit angerührt werden.

Und der Friede Gottes bewahre unsere Herzen offen und empfänglich für sein Reden, für seine Zeichen. Amen.

Okuli 2013

7 HERR, du hast mich überredet und ich habe mich überreden lassen. Du bist mir zu stark gewesen und hast gewonnen; aber ich bin darüber zum Spott geworden täglich, und jedermann verlacht mich.
10 Ich höre, wie viele heimlich reden: »Schrecken ist um und um!« »Verklagt ihn!« »Wir wollen ihn verklagen!« Alle meine Freunde und Gesellen lauern, ob ich nicht falle: »Vielleicht läßt er sich überlisten, daß wir ihm beikommen können und uns an
ihm rächen.« 11 Aber der HERR ist bei mir wie ein starker Held …
(Jeremia 20, 7-11a)

Friedrich Rückert

Ich bin der Welt abhanden gekommen

Ich bin der Welt abhanden gekommen, / Mit der ich sonst viele Zeit verdorben,
Sie hat so lange nichts von mir vernommen, / Sie mag wohl glauben, ich sei gestorben!

Es ist mir auch gar nichts daran gelegen, / Ob sie mich für gestorben hält,
Ich kann auch gar nichts sagen dagegen, / Denn wirklich bin ich gestorben der Welt.

Ich bin gestorben dem Weltgetümmel, / Und ruh' in einem stillen Gebiet!
Ich leb' allein in meinem Himmel, / In meinem Lieben, in meinem Lied!

Ich bin der Welt abhanden gekommen,
Mit der ich sonst viele Zeit verdorben,
Sie hat so lange nichts von mir vernommen,
Sie mag wohl glauben, ich sei gestorben!

Liebe Gemeinde,

so beginnt eines meiner Lieblingsgedichte von Friedrich Rückert. Und wenn jetzt etliche von Ihnen denken „Friedrich Rückert … nie gehört ...“ dann sind sie nicht alleine. Er ist nämlich einer der Dichter und Denker, die bis heute unterschätzt sind. Friedrich Rückert war knapp 40 Jahre jünger als Goethe und wurde von diesem sehr geschätzt, jedoch nicht sehr öffentlich, denn Goethe war doch ein wenig eitel und Rückert ihm in einiger Hinsicht überlegen. Rückert bewahrte sich eine Freiheit, wie kaum ein anderer Dichter seiner Zeit. Und er war ein brillanter Denker. Er befaßte sich mit über 40 Sprachen, so daß er sie übersetzen konnte. Einmal bekam er die Anfrage einer Universität, ob er eine bestimmte, ganz seltene Sprache lehren könne. Er antwortete: Nein, mit dieser Sprache habe er sich noch nicht befaßt, aber wenn es sein soll, mögen sie sich in sechs Wochen nochmal melden. Soviel zunächst über diesen hochinteressanten Mann Friedrich Rückert, der solche weltmüden Zeilen schreibt. *„Ich bin der Welt abhanden gekommen, / Mit der ich sonst viele Zeit verdorben, ...“* tatsächlich hatte sich Rückert in den letzten Jahren seines Lebens zurückgezogen. Er liebte seinen Garten, arbeitete und lebte viel in ihm. Die Öffentlichkeit mied er. Und im Rückblick schreibt er, mit der Welt habe er „viel Zeit verdorben“. Er hat gespürt, und dies schon viel eher in seiner Biographie als mancher andere große Dichter, die Welt und ihr etwas zu gelten, das ist es nicht, worauf es ankommt. Rückert fand zu – und dies zeichnete sich schon über seine gesamte Schaffenszeit ab – einer tiefen und ganz weiten Spiritualität. Ich verwende lieber dieses Wort, als den Begriff „Frömmigkeit“, weil Frommsein mir auch manchmal eine enge Glaubens- und Geisteshaltung bezeichnet.

Rückert hat sich von der Welt verabschiedet. Nun nicht so ganz, er achtet die Welt und das Leben und die Kulturen. Aber das eitle Treiben in der Welt, das hat er schon lange gemieden und sich deshalb dann auch aus der Öffentlichkeit zurückgezogen. Er hat das eitle Treiben satt. Er ist fertig mit der Welt.
Auch ein anderer hat es satt in dieser Welt. Jeremia. Aus seinem Reden oder Beten kommt uns Müdigkeit entgegen. Ich lese aus Jeremia Kap. 20:
„7 HERR, du hast mich überredet und ich habe mich überreden lassen. Du bist mir zu stark gewesen und hast gewonnen; aber ich bin darüber zum Spott geworden täglich, und jedermann verlacht mich.
10 Ich höre, wie viele heimlich reden: »Schrecken ist um und um!« »Verklagt ihn!« »Wir wollen ihn verklagen!« Alle meine Freunde und Gesellen lauern, ob ich nicht falle: »Vielleicht läßt er sich überlisten, daß wir ihm beikommen können und uns an ihm rächen.« 11 Aber der HERR ist bei mir wie ein starker Held ...“

Jeremia wollte nie Prophet werden. Er wurde es, weil er sich von Gott dazu gedrängt fühlte. Er war somit auch nie glücklich in seinem Wirken. Er sah es eher als eine Last an. Das spürt man immer wieder, wenn man im Jeremia-Buch liest.
Nun könnte man sagen: *Das ist ja furchtbar, da wird einer zu etwas getrieben oder gezwungen, was er gar nicht will. Lebenslanges Unglück*. Aber mir persönlich sind manchmal die Leute lieber, die in eine Amt gedrängt werden, als die, die sich selbst in ein Amt drängen. Die Leute, die sich bitten lassen müssen, sehen die Last des Amtes. Die Leute, die sich selbst in ein Amt drängen, sehen den Glanz eines Amtes. Und so suchen sie auch mehr den Glanz des Amtes, als daß sie dem Amt auch gerecht zu werden trachten. Wer sich hingegen in ein Amt drängen lassen muß, der weiß um die Eitelkeit des Glanzes solch eines Amtes. – – –

Ich bin der Welt abhanden gekommen, / Mit der ich sonst viele Zeit verdorben,
Sie hat so lange nichts von mir vernommen, / Sie mag wohl glauben,
ich sei gestorben!

Es ist mir auch gar nichts daran gelegen, / Ob sie mich für gestorben hält,
Ich kann auch gar nichts sagen dagegen, / Denn wirklich bin ich gestorben der Welt.

… so geht es weiter im Gedicht bei Friedrich Rückert. Er war in seinen besten Jahren gut bekannt und hochgeschätzt in der Geisteswelt. Schließlich war Rückert 1841 vom preußischen König Friedrich Wilhelm IV. nach Berlin berufen worden, eines der geistigen Zentren im deutschsprachigen Raum. Aber schon sieben Jahre später zog er sich aus dieser Stadt, in der er sich nie wohlgefühlt hat, zurück. Er lebte dann noch knapp zwei Jahrzehnte zurückgezogen in einem Dorf bei Coburg. Und natürlich fragte sich die geistige Welt *Was ist überhaupt mit dem Rückert, habt Ihr mal was von ihm gehört?*
Wenn Rückert nicht schrieb oder etwas übersetzte, dann sah man ihn in einem Arbeitskittel im Garten. Und viele der Dorfbewohner wußten nicht, welche Berühmtheit sich da bei ihnen niedergelassen hatte. – – –
HERR, du hast mich überredet und ich habe mich überreden lassen. Du bist mir zu stark gewesen und hast gewonnen; aber ich bin darüber zum Spott geworden täglich, und jedermann verlacht mich. ... 10 Ich höre, wie viele heimlich reden: »Schrecken ist um und um!«

Wenn Jeremia so klagt, müssen wir uns dann Sorgen um ihn machen?
Immer wieder klagt Jeremia so oder ähnlich. Und tatsächlich wurde er mehrmals bedrängt, schikaniert, ja, sogar mal ins Gefängnis geworfen. Jeremia ist der Prophet, von dem wir am meisten wissen, auch über sein Ergehen. Als dann die Babylonier das Land okkupiert haben, fliehen die, die es sich leisten können. Einige der

Oberschicht fliehen nach Ägypten und sie nehmen Jeremia mit. Wahrscheinlich war das so etwas, was man heute Schutzhaft nennt. Sie nahmen Jeremia mit, um ihn vor den Händen der Babylonier zu schützen. Dort in der Fremde verliert sich seine Spur, höchstwahrscheinlich ist er dort gestorben. Jeremia, der sich so nach Ruhe sehnte, nach einem normalen Leben, wurde immer wieder angefeindet, angegriffen und zuletzt – man kann es wahrscheinlich so sagen – verschleppt.

Gott sei Dank, Jeremia bleibt nicht bei seinem Klagen, vielmehr ist er durchdrungen von dem Wissen um die Gegenwart Gottes. *Gott ist bei mir wie ein starker Held ...* Kann man das stärker ausdrücken? Er wußte, nur in Gott habe ich Halt und Zukunft. In aller Unbill des Lebens ist doch zuletzt Geborgenheit.

Auch Friedrich Rückert bleibt nicht bei der Beschreibung seines Weltüberdrusses. Die dritte und letzte Strophe lautet so:

Ich bin gestorben dem Weltgetümmel, / Und ruh' in einem stillen Gebiet!
Ich leb' allein in meinem Himmel, / In meinem Lieben, in meinem Lied!

Himmel ... Lieben ... Lied

Das sind schöne Worte und bei Rückert auch wahre Worte, mit denen dieses Gedicht endet. Nein, bei allem Überdruß, bei allem Enttäuschtsein, bei aller Zurückgezogenheit, Rückert war nicht einsam. Er hatte Kontakte, er korrespondierte mit guten Leuten über die wirklich wichtigen Dinge, die tiefen Fragen des Lebens. Und er hatte zu einem tiefen Frieden gefunden.

Ich hatte vorhin gesagt, Rückert fand zu einer tiefen Spiritualität. Friedrich Rückert hat sich als Christ, der immer und bis zu seinem Tode im Jahr 1848 war, den heiligen Schriften der Kulturen der Welt zugewandt. Er übersetzte den Qur'an, er übersetzte die heiligen Schriften persischer Sprache, aber auch die buddhistischen und hinduistischen Texte. Im Vorwort zu seiner Übersetzung des altchinesischen Buches „Chi-Ging" schreibt Rückert „Weltpoesie ist Weltversöhnung". Rückert wußte, genauso wie wir Christen nach Wahrheit suchen und Gott und Wahrheit sich uns offenbart hat – auch immer wieder verbunden mit Irrtum –, so wurde überall in der

Welt in den Kulturen nach Wahrheit und nach Gott gesucht, und auch dort wurde Wahrheit gefunden. Das ist ein ganz moderner Gedanke. Hans Küng, der große Theologe unserer Tage, hat gesagt, wir müssen uns zusammensetzten, alle Kulturen und Religionen, und nach einem gemeinsamen Weltethos suchen und gemeinsame gute und dem Leben dienliche Erkenntnisse formulieren. Er nannte das „Weltethos". Leider findet er nur wenig Gehör, auch unter Christen.
Aber vielleicht muß man den großen und weiten Blick eines Friedrich Rückert, eines Jeremia und eines Hans Küng haben, um zu dieser umfassenden Gläubigkeit, oder Spiritualität zu finden. Man spricht auch von einer kosmologischen Spiritualität.
Wir hören zum Schluß nochmal das gesamte Gedicht von Friedrich Rückert, welches übrigens von Gustav Mahler im Zyklus namens „Fünf Rückertlieder" vertont wurde. Mögen auch wir, wie Jeremia und Rückert, zur Abkehr vom eitlen Weltgetriebe hin zur Weltversöhnung finden, die eine eigentliche Gottes- und Lebensversöhnung ist.

Ich bin der Welt abhanden gekommen,
Mit der ich sonst viele Zeit verdorben,
Sie hat so lange nichts von mir vernommen,
Sie mag wohl glauben, ich sei gestorben!

Es ist mir auch gar nichts daran gelegen,
Ob sie mich für gestorben hält,
Ich kann auch gar nichts sagen dagegen,
Denn wirklich bin ich gestorben der Welt.

Ich bin gestorben dem Weltgetümmel,
Und ruh' in einem stillen Gebiet!
Ich leb' allein in meinem Himmel,
In meinem Lieben, in meinem Lied!

Karfreitag 2014

Liebe Gemeinde,

Sie sehen das Bild der Kapelle St. Anna im Riesengebirge bei Krummhübel, bzw. Karpacz in Polen. Ein besonderer Ort, den wir näher betrachten wollen.
Aber wir beginnen mit dem Lied, werden es während der Predigt in Abschnitten singen, es ist die Nummer 77 und wir singen zunächst die Strophe 1-2:

1. Christus, der uns selig macht, kein Bös' hat begangen, ward für uns zur Mitternacht / wie ein Dieb gefangen, eilend zum Verhör gebracht
und fälschlich verklaget, verhöhnt, verspeit und verlacht, wie denn die Schrift saget.

2. In der ersten Stund am Tag, da er sollte leiden, bracht man ihn mit harter Klag
Pilatus dem Heiden, der ihn unschuldig befand,
ohn Ursach des Todes, ihn derhalben von sich sandt zum König Herodes.

Diese St. Anna-Kapelle steht im Vorgebirge zum Riesengebirge an einem Hang. Wenn das jetzt Querformat wäre, würde man rechts die Kynastburg sehen, die bestimmt einige von Ihnen kennen. Kynast war von 1360 bis 1945 der Sitz derer von Schaffgotsch und dieser böhmische Zweig des Adelsgeschlechtes beförderte sehr die typische Gebirgsfrömmigkeit, wie sie dort in der katholischen Bevölkerung bis heute herrscht. So wurde der Bau dieser St. Anna-Kapelle von dieser Adelsfamilie begründet und finanziert. Die Heilige Anna, der Legende nach die Großmutter Jesu, ist die Hausheilige derer von Schaffgotsch. So wie diese Kapelle wurden etliche St. Anna-Kapellen im Einflußgebiet dieser Familie gebaut. Häufig wurden St.Annen-Kapellen an Quellen oder besonderen Brunnen gebaut. So auch diese hier. Denn dort neben der Kirche, früher sogar in der Kirche, entspringt der sogenannte Gute Born. Eine Quelle, deren Wasser man bis heute heilende Kräfte zuschreibt. Und jetzt komme ich zum Karfreitag. Wir gedenken des Sterbens Jesu am Kreuz. Ohne dem Sterben keine Auferstehung. Das Samenkorn muß in die Erde, damit es neue Frucht bringt. Man mußte ein Stück seiner Lebenskraft opfern, um am Guten Born Heilung zu empfangen. Besonders natürlich am Tag der Heiligen Anna, am 26. Juli, pilgerten und pilgern die Gläubigen hoch zu dieser Kapelle, ein beschwerlicher Weg. / Strophen 3 und 4:

3. Um Drei hat der Gottessohn Geißeln fühlen müssen; sein Haupt ward mit einer Kron von Dornen zerrissen; gekleidet zu Hohn und Spott
ward er sehr geschlagen, und das Kreuz zu seinem Tod mußt er selber tragen.

4. Um Sechs ward er nackt und bloß an das Kreuz geschlagen, an dem er sein Blut vergoß, betet mit Wehklagen; die Zuschauer spott'ten sein,
auch die bei ihm hingen, bis die Sonne ihren Schein entzog solchen Dingen.

„Sterbt, bevor ihr sterbt." So fordert ein Heiliger seine Anhänger vor 800 Jahren auf. Gebt Euer Ego völlig auf. Gebt Euch auf und taucht ein in die heilige Erde der Gotteserkenntnis, dann werdet Ihr Auferstehung erfahren. Das äußere Zeichen dafür war der Verzicht auf Lebensmittel, das Fasten. Oder eben ein entbehrungsreicher Weg, zu Fuß, nach Santiago de Compostela, oder eben hoch ins Gebirge zur St. Anna-Kapelle. Sich selbst ein Stück aufgeben, wie das Weizenkorn, das in der Erde erstirbt, aber in sich den Keim zu neuem Leben enthält.

Christus stirbt am Kreuz. Er war zum Ärgernis geworden. Er hat den Pharisäern und Schriftgelehrten, der religiösen Elite den Spiegel vorgehalten. Er hat in seinem Predigen und im heilenden Handeln deutlich gemacht: Ohne Vorbedingungen können wir uns Gott zuwenden und Heil, bzw. Heilung erbitten und erwarten.

Damit war der strenge und harte religiöse Betrieb, der das Leben der Menschen

beschwerte und belastet, und dies immer unter dem Gewissensdruck: Wenn ich nicht genug tue und mich streng an die Gebote und Verbote halte, dann erfahre ich Verdammnis. Genau dieses System brachte Jesus zum Wanken, Damit waren die Privilegien der Oberen in Frage gestellt. Und deswegen mußte Jesus sterben.
Heute läuft das genauso. Leute, die ehrlich die Probleme in Unternehmen, in Gemeinschaften, Parteien oder auch Kirchen ansprechen, werden schnell abgesägt.
Aber das was nach unseren Maßstäben wie ein Untergehen, ein Scheitern aussieht, das führt in Gottes Welt zur Auferstehung. Und das ist eine gute Nachricht für alle, die wegen ihres Engagements in Rußland beispielsweise oder in anderen Diktaturen im Gefängnis landen, oder gar umgebracht werden. Es ist eine Saat. Neues und Heiles wird daraus erwachsen. An einer ganz großen Figur des 20. Jahrhunderts kann man das ablesen, Nelson Mandela, der Ende letzten Jahres verstarb. Das Opfer bringt Frucht. Die Strophen 5 und 6:

5. Jesus schrie zur neunten Stund, großer Qual verfallen, ihm ward dargereicht zum Mund Essigtrank mit Gallen; da gab er auf seinen Geist,
und die Erd erzittert, des Tempels Vorhang zerreißt, und manch Fels zersplittert.

6. Da man hatt' zur Vesperzeit die Schächer zerbrochen, ward Jesus in seine Seit
mit dem Speer gestochen; daraus Blut und Wasser rann,
die Schrift zu erfüllen, wie Johannes zeiget an, nur um unsertwillen.

Ich sprach am Anfang davon, wie die von Schaffgotsch die typische Gebirgsfrömmigkeit mit ihrem Tun unterstützten und beförderten. Diese Art zu Glauben ist bei uns völlig verschwunden. Nun – mag man einwenden – in den Orten oben im Osterzgebirge und besonders im Westerzgebirge sind die Leute doch noch sehr fromm. Diese Art zu glauben hat jedoch mehr mit dem pharisäischen Buchstabenglaube zu tun, als die traditionelle Gebirgsfrömmigkeit im Riesengebirge oder auch in den Alpen, ich denke aber auch an die Highlands in Schottland. Dort war und ist der

Glaube an Gott ganz stark in die Natur eingebettet. Die so glauben, lesen im Buch der Natur und das ist ihr Gotteswort. Sie wissen die guten Kräfte der Natur als Wirkungen, als Handeln Gottes anzusehen. Und sie wissen, auch das Sterben gehört dazu. Und es stirbt immer nur die jeweilige Form, nicht das Leben. Auf uns Menschen ausgedrückt: Es stirbt der jeweilige Körper, die Seele geht weiter. Wenn die guten heilenden Gebirgskräuter sterben, geht ihre Lebens- und Heilkraft durch die Erde ins Wasser und tritt z.B. in der Quelle Guter Born wieder hervor. Während meiner zweieinhalb Wochen im Riesengebirge bin ich vielleicht zehnmal zu dieser Kapelle gewandert. Immer wieder traf ich dort Menschen mit Plastikflaschen, die füllten das Wasser darin ab. Ein junger Mann sagte: „Das ist für meine kranke Mutter." Und dann hielt er die gefüllt Flasche in Richtung Gebirge und betete auf polnisch. Ein junger Mann kam mit einem Jeep und der war voller leerer 5-Liter-Kanister. Er brauchte über eine Stunde, alle Kanister zu füllen. Das ist für sein Internat in Breslau, wo er studiert, für ganz viele Studenten bringt er das Wasser mit. Ich fragte ihn, ob er sich das bezahlen lasse. Nein, sagte er, dann verlöre das Wasser seinen Segen. Ein Opfergedanke. Dieser Student gibt etwas von seiner Lebenszeit, bezahlt den Diesel und bringt so Segen zu den Menschen seiner Umgebung. Paracelsus, der aus den Schweizer Alpen stammt, wußte dies auch: Jedes Heil geht aus anderem Leben hervor. Das Kraut vergeht im Sud, aber seine Lebenskraft steht einer anderen Lebensform zur Verfügung, dem kranken Menschen. Deswegen auch das tiefverwurzelte Wissen im Gebirge: alles Leben hat Seele, hat göttliche Lebenskraft. Kein Kräutersud ohne Dankgebet, kein erlegtes Wild ohne die Ehrfurcht vor dem Leben. Vielleicht lassen wir uns ganz neu ein auf das Vergehen und Werden in der Natur, damit es zu uns vom Ewigen spricht. Denn all dieses ist ein Bild für das Leiden und Sterben Jesu, dessen wir heute gedenken. Amen. Strophen 7 und 8:

7. Da der Tag sein Ende nahm, der Abend war kommen, ward Jesus vom Kreuzesstamm durch Joseph genommen, herrlich, nach der Väter Art, in ein Grab geleget, allda mit Hütern verwahrt, wie Matthäus zeiget.

8. O hilf, Christe, Gottes Sohn, durch dein bitter Leiden, daß wir dir stets untertan Sünd und Unrecht meiden, deinen Tod und sein Ursach fruchtbar nun bedenken, dafür, wiewohl arm und schwach, dir Dankopfer schenken.

Ostern 2011

1 Als aber der Sabbat vorüber war und der erste Tag der Woche anbrach, kamen
Maria von Magdala und die andere Maria, um nach dem Grab zu sehen. 2 Und siehe,
es geschah ein großes Erdbeben. Denn der Engel des Herrn kam vom Himmel herab,
trat hinzu und wälzte den Stein weg und setzte sich darauf. 3 Seine Gestalt war wie
der Blitz und sein Gewand weiß wie der Schnee. 4 Die Wachen aber erschraken aus
Furcht vor ihm und wurden, als wären sie tot.
5 Aber der Engel sprach zu den Frauen: Fürchtet euch nicht! Ich weiß, daß ihr Jesus,
den Gekreuzigten, sucht. 6 Er ist nicht hier; er ist auferstanden, wie er gesagt hat.
Kommt her und seht die Stätte, wo er gelegen hat; 7 und geht eilends hin und sagt
seinen Jüngern, daß er auferstanden ist von den Toten. Und siehe, er wird vor euch
hingehen nach Galiläa; dort werdet ihr ihn sehen. Siehe, ich habe es euch gesagt.
8 Und sie gingen eilends weg vom Grab mit Furcht und großer Freude und liefen, um
es seinen Jüngern zu verkündigen. (Matthäus 28, 1-8)

Theodor Storm

Im Garten

Hüte, hüte den Fuß und die Hände,
Eh' sie berühren das ärmste Ding!
Denn du zertrittst eine häßliche Raupe,
Und tötest den schönen Schmetterling!

Hüte, hüte den Fuß und die Hände,
Eh' sie berühren das ärmste Ding!
Denn du zertrittst eine häßliche Raupe,
Und tötest den schönen Schmetterling!

Liebe Gemeinde,

in diesem kleinen Gedicht mit dem Titel „Im Garten“ streift Theodor Storm das Thema *Verwandlung*, Metamorphose. Das Leben wandelt sich. Die Raupe verbringt eine Zeit in diesem Stadium. Dann scheint das Leben zu schwinden, sie wird ganz still und hüllt sich ein wie in einem Sarg. Verpuppung. Und heraus kriecht dann doch der farbenfrohe Schmetterling. Das ist ein Wunder des Lebens, ein Wunder der Verwandlung. Ich habe kürzlich in einer Wissenschaftssendung gehört, das *Warum* ist noch nicht geklärt. Warum dieser Umweg über das Raupen- und Verpuppungstadium? Es gibt Thesen, die aber noch nicht bewiesen sind.
In unserem Predigttext wird auch eine Verwandlung erzählt. Ich lese den Predigttext aus Matthäus Kapitel 28:

1 Als aber der Sabbat vorüber war und der erste Tag der Woche anbrach, kamen
Maria von Magdala und die andere Maria, um nach dem Grab zu sehen. 2 Und
siehe, es geschah ein großes Erdbeben. Denn der Engel des Herrn kam vom Himmel
herab, trat hinzu und wälzte den Stein weg und setzte sich darauf. 3 Seine Gestalt
war wie der Blitz und sein Gewand weiß wie der Schnee. 4 Die Wachen aber
erschraken aus Furcht vor ihm und wurden, als wären sie tot.
5 Aber der Engel sprach zu den Frauen: Fürchtet euch nicht! Ich weiß, daß ihr Jesus,
den Gekreuzigten, sucht. 6 Er ist nicht hier; er ist auferstanden, wie er gesagt hat.
Kommt her und seht die Stätte, wo er gelegen hat; 7 und geht eilends hin und sagt
seinen Jüngern, daß er auferstanden ist von den Toten. Und siehe, er wird vor euch
hingehen nach Galiläa; dort werdet ihr ihn sehen. Siehe, ich habe es euch gesagt.

8 Und sie gingen eilends weg vom Grab mit Furcht und großer Freude und liefen, um
es seinen Jüngern zu verkündigen.
9 Und siehe, da begegnete ihnen Jesus und sprach: Seid gegrüßt! Und sie traten zu
ihm und umfaßten seine Füße und fielen vor ihm nieder. 10 Da sprach Jesus zu
ihnen: Fürchtet euch nicht! Geht hin und verkündigt es meinen Brüdern, daß sie nach
Galiläa gehen: Dort werden sie mich sehen.

Das Matthäusevangelium erzählt am theatralischsten davon. Die Auferstehung. Aber wie es nun wirklich passiert ist, wissen wir dennoch nicht. Die Berichte über die Ereignisse im und am Grab Jesu sind so unterschiedlich.

Matthäus – Hier ist ein Engel am Grab / Blitze, Donner / bewußtlose Wachen
Markus – Ein Engel im Grab
Lukas – Zwei Engel am Grab
Johannes – Petrus am Grab / nur das Leichentuch / Maria Magdalena sieht zwei Engel am Grab / Jesus draußen und nicht gleich erkennbar

Die Auferstehung an sich, die Erweckung zum neuen Leben, zum ewigen Leben. *Wie* es geschah, wissen wir nicht. Und wie es geschehen wird, wissen wir nicht. Dieser Moment wird verdunkelt.

Und so feiern wir Ostern den Sieg des Lebens über den Tod. Das Leben hat letztlich die Oberhand. Kann man das so sagen, gerade mal 6 Wochen nach dem Erdbeben in Japan, dieser so entsetzlichen Lebenszerstörungserfahrung. Kann man unbeschwert Ostern feiern angesichts der mühsam hervorgebrachten Frage eines Sterbenden „ ... und wenn es nun vielleicht gar keinen Gott gibt?“ Ja, dort wo Leben beschädigt, gar zerstört wird, da wo Leben eben einfach vergeht, da können wir den Zweifel zulassen. Da können wir unsere Angst vor dem großen Nichts formulieren.

Aber wir müssen nicht dabei stehen bleiben. Denn nach der Verzweiflung der Jünger nach der Kreuzigung kam das große Staunen. Keiner hat ihnen vorher ihre Verzweiflung ausgeredet. Menschen in Not und Hoffnungslosigkeit brauchen keinen, der ihnen ihre innere Not ausreden will. Nein, lieber neben ihnen sitzen und ein Stück ihres Leids mittragen. Den Weg durchs dunkle Tal mitgehen, mitgehen bis zum Licht neuer Hoffnung, bis zum Durchbruch des Lebens.

Und so lockt uns Ostern hin zur Hoffnung, hin zum Staunen. Und wenn ich das Gartengedicht von Storm lese, dann lockt uns Ostern auch zur Achtsamkeit. Der Begriff der Achtsamkeit übrigens hat im Christentum nur eine geringe Rolle gespielt. Achtsamkeit können wir von den Asiaten lernen. Achtsam mit seinem Körper umgehen. Achtsam gegenüber dem Leben ringsum. Achtsamkeit dem Leben um uns herum ist eine Weise, Gott zu ehren. Weil wir die Schöpfung Gottes damit ehren. Und weil wir auf die Schöpfung Gottes weisen und sie in unseren Blick rücken aber auch in den Blick derer um uns herum. Gehen wir herum und schauen in den Gärten das herrliche *Werden* jetzt im Frühling. Man weiß viel über die biochemischen Vorgänge in den verschiedenen Vegetationsperioden. Aber woher kommt das Wollen im Leben. Das neue Den-Säftekreislauf-in-Gang-setzen. Den Anstoß zum neuen Treiben im Jahr. Die Bibel nennt das den Odem Gottes. Den Lebensatem, den Gott den Geschöpfen einhaucht.

Achtsamkeit dem Leben gegenüber, den Pflanzen und Tieren. Achtsamkeit den Menschen gegenüber. Auch dies ist österliches Wirken.

„Was, Sie haben heute den Andreas S. gesehen? Ich dachte, der ist längst schon wieder im Knast." Das sagte ein ehemaliger Gefängnisseelsorger zu einer Frau, die eben von jenem Andreas S., der schon zehn Jahre lang in Freiheit lebt und ein gutes Leben ohne jegliche Straftat lebt, der hat diese Frau zu diesem Pfarrer geschickt, der könne ihr doch helfen. Und dann sagt er so einen Satz über jenen Mann, ja, der vor vielen Jahren mal im Gefängnis war. Die Frau erzählte diesen Ausspruch später dem Andreas. „Was, der ist ist immer noch draußen? Ich dachte, der ist längst wieder im

Knast." Dieser Ausspruch eines ehemaligen Gefängnisseelsorgers hat Andreas S. verletzt. Es ist ein Ausspruch eklatanter Unachtsamkeit. Sicher, das kenne ich auch, den Impuls, den Gedanken: Na, ob der draußen zurechtkommt, wenn er jetzt entlassen wird. Aber immer wieder in solchen Momenten sich klarmachen. Gott gibt das Leben. Und so wie eine Raupe sich zum Schmetterling wandeln kann, vermag Gott Kräfte zu mobilisieren, die diesem aus der Haft Entlassenen ein neues Leben, ein Leben mit guten Wegen ermöglichen. Verwandlung hin zum Heil. Das ist Ostern. Klar, ... etliche Leute, denen ich immer wieder, zum dritten oder vierten Mal im Gefängnis begegnet bin in diesen zehn Jahren meiner Seelsorgetätigkeit. Neben dieser Erfahrung gibt es eben auch die nicht wenigen, die ihr Leben nach dem Gefängnis in eine andere, und zwar in eine gute Richtung zu lenken vermögen. Das ist eine wunderbare Erfahrung. Und mit einigen dieser Leute bin ich befreundet, auch Andreas S. gehört dazu. In diesen Menschen, in ihren Biographien liegt etwas österliches. Und diese Möglichkeit eines österlichen Heilsgeschehens müssen wir in jedem Menschen vermuten, in jedem Leben. Dieses Potential zum Heil in jedem Leben – und sei es noch so beschädigt – führt uns zur österlichen Achtsamkeit.

Warum gelingt es manchen Menschen, ihr Leben hin zum Guten zu wenden, anderen nicht. Natürlich – um bei der Erfahrung im Gefängnis zu bleiben – manchmal sieht man Indizien schon während der Haft. *Der arbeitet an sich. Die verdrängt nicht seine Tat und seine so kriminellen Verhaltensmuster, sondern sucht Hilfe.* Aber auch unter denen gibt es welche, die es dann draußen nicht schaffen, die werden wieder straffällig.

Es ist ein nicht ganz erklärbares Wirken hin zum Guten, wenn es so glücklich kommt, wie bei Andreas S. und Frau P., die ich eben kenne und denen schon jahrelang draußen ein gutes Leben gelingt.

Eine Freundin von mir – über siebzig – erzählt mir, wie sie an der Elbe spazieren geht. *Und da blieb ich auf einmal stehen und wußte, ich bin geborgen.* Ich erzählte ihr, daß es mir oft genauso gehe, wenn ich in der Natur unterwegs bin, dann weiß ich ganz tief, ich bin in Gott gehalten. Ich kann das nicht definieren, aber so ein ganz tiefes Geborgenheitsgefühl. Und sie sagte dann noch: *das ist ein großes Geschenk.* Ja, der feste Glaube, in Gott gehalten, getragen zu sein, auch über die Grenze des Todes hinaus, ist ein österlicher Glaube. Und dieser Glaube ist Geschenk. Und ich denke, wir sind in aller Achtsamkeit an die Menschen gewiesen, denen das nicht gelingen kann, die in Verzweiflung verharren. Nicht, daß wir das ihnen ausreden wollen, nein, sie an die Hand nehmen und ein Stück begleiten. Auch ohne gutgemeinte Predigt springt etwas von der Hoffnung, vom Heilswissen ganz tief innen über.

Hüte, hüte den Fuß und die Hände,
Eh' sie berühren das ärmste Ding!
Denn du zertrittst eine häßliche Raupe,
Und tötest den schönen Schmetterling!

Ostern, die Verwandlung gebrochenen Lebens hin zum ewigen Leben. Im gebrochenen Leben liegt der Keim ewigen Lebens, eines Lebens im Heil. Und das lockt uns hin zur österlichen Achtsamkeit allem Leben gegenüber.

Und der Friede Gottes bewahre in uns die österliche Heilsgewißheit und die Achtsamkeit allem Lebendigen gegenüber. Amen.

Ostern 2012

1 Und Hanna betete und sprach: Mein Herz ist fröhlich in dem HERRN, mein Haupt
ist erhöht in dem HERRN. Mein Mund hat sich weit aufgetan wider meine Feinde,
denn ich freue mich deines Heils. 2 Es ist niemand heilig wie der HERR, außer dir ist
keiner, und ist kein Fels, wie unser Gott ist. 6 Der HERR tötet und macht lebendig,
führt hinab zu den Toten und wieder herauf. 7 Der HERR macht arm und macht
reich; er erniedrigt und erhöht. 8 Er hebt auf den Dürftigen aus dem Staub und erhöht
den Armen aus der Asche, daß er ihn setze unter die Fürsten und den Thron der Ehre
erben lasse. Denn der Welt Grundfesten sind des HERRN, und er hat die Erde darauf
gesetzt. (1. Samuel 2, 1-8)

Novalis

Ich sag es jedem, daß er lebt

Ich sag es jedem, daß er lebt / Und auferstanden ist,
daß er in unsrer Mitte schwebt / Und ewig bei uns ist.

Ich sag es jedem, jeder sagt / Es seinen Freunden gleich,
daß bald an allen Orten tagt / Das neue Himmelreich.

Jetzt scheint die Welt dem neuen Sinn / Erst wie ein Vaterland;
Ein neues Leben nimmt man hin / Entzückt aus seiner Hand.

Hinunter in das tiefe Meer / Versank des Todes Graun,
Und jeder kann nun leicht und hehr / In seine Zukunft schaun.

Der dunkle Weg, den er betrat, / Geht in den Himmel aus,
Und wer nur hört auf seinen Rat, / Kommt auch in Vaters Haus.

Nun weint auch keiner mehr allhie, / Wenn Eins die Augen schließt,
Vom Wiedersehn, spät oder früh, / Wird dieser Schmerz versüßt.

Es kann zu jeder guten Tat / Ein jeder frischer glühn,
Denn herrlich wird ihm diese Saat / In schönern Fluren blühn.

Er lebt, und wird nun bei uns sein, / Wenn alles uns verläßt!
Und so soll dieser Tag uns sein / Ein Weltverjüngungs-Fest.

Ich sag' es jedem, daß er lebt / Und auferstanden ist,
daß er in unsrer Mitte schwebt / Und ewig bei uns ist.

Ich sag es jedem, jeder sagt / Es seinen Freunden gleich,
daß bald an allen Orten tagt / Das neue Himmelreich.

Jetzt scheint die Welt dem neuen Sinn / Erst wie ein Vaterland;
Ein neues Leben nimmt man hin / Entzückt aus seiner Hand.

Liebe Gemeinde,

diese Zeilen von Friedrich von Hardenberg zeugen von einer unbändigen Osterfreude. Die Auferstehung erfüllt sein Herz, so daß es überläuft, er muß es weitersagen. Friedrich von Hardenberg, der Name ist nicht so bekannt. Aber Friedrich von Hardenberg nannte sich selbst Novalis, und diesen Namen kennen wir alle. Novalis – etwas frei übersetzt: der das Neuland bestellt. Seine Dichtung war Neuland, war Aufbruch, war österlich.

In einer ganz anderen Stimmung befand sich Hanna, als sie im Tempel betete. Sie war unglücklich und weinte, denn sie konnte keine Kinder bekommen. Und so betete sie schluchzend, daß sie endlich schwanger würde. Sie ist alleine in den Gebetsraum gekommen, hat sich von ihrer Familie entfernt, die ein Opferfest im Tempel feiert. Es ist nicht der Tempel von Jerusalem, nein, ein kleiner Tempel in Silo, einer wenig bedeutenden Stadt. Und auch in diesem Tempel geht es nicht sehr fröhlich zu. Der alte Priester Eli hat große Sorgen. Seine Söhne sind mißraten. Sie sind ruchlos, wie es bei Luthers Übersetzung heißt. Sie nehmen von den Opfergaben mehr als ihnen zusteht. Sie treiben es mit den Frauen, die den Tempeldienst tun. Der alte redliche Priester Eli redet auf seine Söhne ein, aber er hat keinerlei Einfluß mehr auf sie. Sie treiben, was sie wollen. Eli sitzt auf einem Stuhl am Pfosten im Gebetsraum und beobachtet Hanna, wie sie betet. Sie scheint zu stammeln. Und Eli, der nur noch die Bosheit aller Menschen sieht, seinen Glauben an das Gute im Menschen völlig verloren hat, er denkt von Hanna, sie ist betrunken. Und er spricht sie deswegen an. Doch sie erzählt ihm von der Not ihrer Kinderlosigkeit. Und nun wendet sich Eli – ganz Seelsorger – ihr richtig zu und verkündet ihr, daß Gott ihr Gebet erhören wird. Nicht ein Jahr wird vergehen und sie wird einen Sohn gebären.
Die traurige Hanna beim traurigen Priester Eli. Jedes Jahr geht Elkana mit seiner Familie, zu der neben der Frau Peninna auch eben Hanna gehörte, zum Opferfest nach Silo zum Tempel. Jahrelang schon wartet Hanna auf ein Kind. Jedes Jahr hat sie

so gebetet. Und nun nach langem Warten diese Zusage des alten, ob seiner Söhne sorgengeplagten Priesters. „Da ging die Frau ihres Weges und sah nicht mehr so traurig drein.“ … heißt es da. Neue Hoffnung. Hoffnung auf ein Kind. Wunderbar!

Hinunter in das tiefe Meer / Versank des Todes Graun,
Und jeder kann nun leicht und hehr / In seine Zukunft schaun.

So geht es in Novalis' Ostergedicht weiter. Die Aussichtslosigkeit ist zuende. Egal was kommt, das Leben wird bleiben. Friedrich von Hardenberg gibt sich den Namen Novalis – also: der Neulandbestellende – im Jahr 1798 da war er gerade 26 und ein Jahr zuvor ist seine von ihm heiß geliebte junge Verlobte Sophie von Kühn gestorben. Dieses Miterlebenmüssen des qualvollen Sterbens dieses 15 Jahre jungen blühenden Mädchens hat Friedrich von Hardenberg tief getroffen. Er begibt sich auf eine inneren Suche zu Gott, wenn man das mal etwas platt ausdrücken darf. Es ist eine innere Suche, eine mystische Suche.

Hat Hanna einen solchen inneren Weg beschritten? Wer einen inneren Weg beschreitet, wer den Weg des Mystikers beschreitet, der sondert sich häufig ab. Viele sind ganz in die Einsamkeit gegangen. Andere hatten sich regelmäßige Zeiten des Rückzug genommen. Nur ein paar Momente jeden Tag. Und dies immer wieder.
„Da stand Hanna auf, nachdem sie in Silo gegessen und getrunken hatten. … Und sie war von Herzen betrübt und betet zum HERRN ...“
Ja, Hanna war auf so einem inneren Weg. Vielleicht hat sie dieses stille Gebet am Rande des Opferfestes schon immer gehalten. Ich kann mir gut vorstellen, wie sie zu Elkana ihrem Mann sagt: „Ich geh mal kurz an die frische Luft, ich bin dann gleich wieder da.“ Und dann geht sie in den Gebetsraum des Tempels und betet wie jedes Jahr. Betet um ein Kind. Hanna ist eine Gottessucherin. Sie sucht inbrünstig, sie klagt alle ihre innerste Not zu Gott. Wieviele Jahre schon? Wir wissen es nicht. Aber sie bleibt dran. Das ist das Verbindende der Gottessucher. Sie lassen nicht locker. Sie

haben eins erkannt: Nichts kann meinem Leben wirklich Erfüllung geben. Nicht Reichtum, nicht ein erfüllender Beruf, allein die Verbindung zum Urgrund des Lebens, zu Gott, kann mir bleibenden Frieden geben.

Der dunkle Weg, den er betrat, / Geht in den Himmel aus,
Und wer nur hört auf seinen Rat, / Kommt auch in Vaters Haus.

Nun weint auch keiner mehr allhie, / Wenn eins die Augen schließt,
Vom Wiedersehn, spät oder früh, / Wird dieser Schmerz versüßt.

„wenn eins die Augen schließt ...“ das ist die Erinnerung an den furchtbaren Tod der 15jährigen Sophie von Kühn. Er wollte das finden, was ihm über diesen Schmerz hinweghilft. Die Auferstehungshoffnung … oder -gewißheit ist es, die ihn tröstet, ja, die ihn zu diesem überschwenglichen Ostergedicht verhilft. Er hat auf seiner Suche etwas gefunden, was den Schmerz auffängt.

Ich habe es schon erwähnt, Hanna verläßt den Ort des Gebets, den Ort der Gottessuche, den Ort des knappen Gesprächs mit dem alten Priester und „sieht nicht mehr so traurig drein.“ In der Prophezeiung des alten Priesters hat sie einen Schatz für ihr Herz bekommen. Dort, wo alles unfruchtbar schien, wo es aussichtslos schien, wird bald ein kleines Kind heranwachsen. Der Priester, der heilige Mann hat es vorausgesagt. Und tatsächlich bekommt sie ein Kind und nennt es Samuel. Das kann man etwas frei übersetzen mit: „Gott hört“. Und bei der nächsten Opferreise nach Silo ging Hanna nicht mit, denn der kleine Samuel war noch nicht entwöhnt und da ist so eine Reise viel zu gefährlich. Elkana zog ohne sie mit seiner anderen Frau Peninna und deren Kinder und dem Hauspersonal nach Silo.

Es kann zu jeder guten Tat / Ein jeder frisch erglühn,
denn herrlich wird ihm diese Saat / in schönern Fluren blühn.

Er lebt, und wird nun bei uns sein, / Wenn alles uns verläßt!
Und so soll dieser Tag uns sein / Ein Weltverjüngungsfest.

Dieses Gedicht hat Georg Philipp Friedrich Freiherr von Hardenberg, so sein voller Name, gegen Ende seines Lebens geschrieben, so mit 28 etwa. Es ist in der Sammlung „Geistliche Lieder“ 1802, also ein Jahr nach Novalis' frühem Tod. Ja, nicht nur, daß seine Verlobte so zeitig sterben mußte, auch er selbst war bald krank. Es heißt, er habe sich bei Friedrich Schiller angesteckt, den er gepflegt hatte. Tuberkulose. Oder Schwindsucht, wie es damals hieß.Allerdings hatte Novalis auch schon vor der Zeit mit dem kranken Schiller Lungenprobleme und war überhaupt von schwacher Konstitution. Mediziner, die sich mit der Krankengeschichte von Novalis beschäftigt haben, vermuten, er habe Mukoviszidose gehabt, eine damals noch völlig unbekannte und auch heute meist tödlich verlaufende Krankheit, deren Verlauf man heute nur lindern aber nicht heilen kann.
Er war ein Adliger. Und doch war der Tod ständiger Begleiter seines nur 29jährigen Lebens. Und doch ist seine Dichtung so voller Lebensfreude und Lebensbejahung. Und das hat etwas mit der tiefen Gottessuche zu tun, auf die Novalis sich begeben hat. Und er hat gefunden. Er hat um den Sieg des Lebens gewußt, weil er Gott gefunden hat. Und Gott ist Liebe. Man bezeichnet seine Art zu glauben auch als eine Liebesreligion. Und sein Herz war voll davon. Und sein Mund ging über davon, bzw. seine Schreibfeder.

Als Samuel entwöhnt war, ging Hanna mit ihm und ihrer Familie zum Tempel nach Silo und opferte dort als Dank. Samuel wurde dem Dienst Gottes geweiht und er wurde einer der bedeutendsten Seher Israels. Hanna hatte nach Jahren der Aussichtslosigkeit Gott erfahren, der ihre Traurigkeit in Freude verwandelt hat. Gott der das Leben will hat Hanna berührt und darüber wurde sie auch zur Dichterin. Ich lese zum Schluß den Predigttext aus dem 1. Buch Samuel, Kapitel 2:

Und Hanna betete und sprach: 1 Mein Herz ist fröhlich in dem HERRN, mein Haupt ist erhöht in dem HERRN. Mein Mund hat sich weit aufgetan wider meine Feinde, denn ich freue mich deines Heils. 2 Es ist niemand heilig wie der HERR, außer dir ist keiner, und ist kein Fels, wie unser Gott ist. 6 Der HERR tötet und macht lebendig, führt hinab zu den Toten und wieder herauf. 7 Der HERR macht arm und macht reich; er erniedrigt und erhöht. 8 Er hebt auf den Dürftigen aus dem Staub und erhöht den Armen aus der Asche, daß er ihn setze unter die Fürsten und den Thron der Ehre erben lasse. Denn der Welt Grundfesten sind des HERRN, und er hat die Erde darauf gesetzt.

Und der Friede Gottes wohne in unseren Herzen als eine alles überstrahlende Auferstehungsgewißheit. Amen.

Ostern 2014

30 Kornelius sprach: Vor vier Tagen um diese Zeit betete ich um die neunte Stunde in
meinem Hause. Und siehe, da stand ein Mann vor mir in einem leuchtenden Gewand
31 und sprach: Kornelius, dein Gebet ist erhört und deiner Almosen ist gedacht
worden vor Gott. 32 So sende nun nach Joppe und laß herrufen Simon mit dem
Beinamen Petrus, der zu Gast ist im Hause des Gerbers Simon am Meer. 33 Da
sandte ich sofort zu dir; und du hast recht getan, daß du gekommen bist. Nun sind wir
alle hier vor Gott zugegen, um alles zu hören, was dir vom Herrn befohlen ist.
34 Petrus aber tat seinen Mund auf und sprach: Nun erfahre ich in Wahrheit, daß Gott
die Person nicht ansieht; 35 sondern in jedem Volk, wer ihn fürchtet und recht tut, der
ist ihm angenehm.

Joseph von Eichendorff

Ostern

Vom Münster Trauerglocken klingen. / Vom Tal ein Jauchzen schallt herauf.
Zur Ruh sie dort dem Toten singen, / Die Lerchen jubeln: Wache auf!
Mit Erde sie ihn still bedecken, / Das Grün aus allen Gräbern bricht,
Die Ströme hell durch Land sich strecken, / Der Wald ernst wie in Träumen spricht,
Und bei den Klängen, Jauchzen, Trauern, / Soweit ins Land man schauen mag,
Es ist ein tiefes Frühlingsschauern / Als wie ein Auferstehungstag.

Vom Münster Trauerglocken klingen. / Vom Tal ein Jauchzen schallt herauf.
Zur Ruh sie dort dem Toten singen, / Die Lerchen jubeln: Wache auf!
Mit Erde sie ihn still bedecken, / Das Grün aus allen Gräbern bricht,

Liebe Gemeinde,

so beginnt ein Gedicht von Josef von Eichendorff, das mit „Ostern" überschrieben ist. Trauerglocke – Jauchzen im Tal. Dem Toten singen – die Lerchen jubeln. Mit Erde still bedecken – das Grün auf den Gräbern. Gegensätze. Ganz schroff und kraß nebeneinander. Karfreitag und Ostersonntag direkt nebeneinander. So die erste Hälfte des Ostergedichts des großen Romantikers Josef von Eichendorff. So, als gäbe es die Ruhe des Karsamstag nicht. Und das gefällt mir. Und deshalb liebe ich Friedhöfe und muß immer auch im Urlaub die Friedhöfe besuchen. Sie sind die Orte, wo abgelegte Hüllen liegen. Friedhöfe – Symbolorte der Lebensverwandlung hin zum Heil. Die Trauerglocken des Münsters sind gleichzeitig Osterglocken. Sie künden von Verwandlung. Wandel von menschlichem Leben hin zu himmlischen Existenzweisen. Nicht immer ganz einfach, dieses nebeneinander, da ist die schreckliche Fährkatastrophe in Südkorea und wir feiern heute Taufe. Das direkte Nebeneinander von abgelegter Lebensform und neuem Lebenskeimen und Lebensjubel hier im Gedicht von von Eichendorff.

Heute ist ein Text aus der Apostelgeschichte uns gegeben, in dem Petrus etwas lernt. Cornelius wird von Gott besucht. Cornelius – der Name deutet auf ein ganz hohes und angesehenes Patriziergeschlecht der Römer. Eine der staatstragenden Dynastien der Römer, die Cornelier. Es gab mehrere Zweige dieser Familie und die haben so klangvollen Namen wie: die Cossi, die Scipiones, die Maluginenses, das sind nur drei der weit mehr als zehn Zweige der Cornelier. Und die Cornelier waren Senatoren, Konsuln und so weiter, hatten also die höchsten Ämter im römischen Imperium inne, alles Repräsentanten des Römischen Imperiums. Kein Wunder, daß sie bei den Juden,

deren Land ja von den Römern besetzt war, alles andere als beliebt waren. Die Cornelier, das waren die Feinde der Juden.
Hören wir zunächst das Ende der Geschichte zwischen Cornelius und Petrus aus der Apostelgeschichte Kapitel 10.
30 Kornelius sprach: Vor vier Tagen um diese Zeit betete ich um die neunte Stunde in
meinem Hause. Und siehe, da stand ein Mann vor mir in einem leuchtenden Gewand
31 und sprach: Kornelius, dein Gebet ist erhört und deiner Almosen ist gedacht
worden vor Gott. 32 So sende nun nach Joppe und laß herrufen Simon mit dem
Beinamen Petrus, der zu Gast ist im Hause des Gerbers Simon am Meer. 33 Da
sandte ich sofort zu dir; und du hast recht getan, daß du gekommen bist. Nun sind
wir alle hier vor Gott zugegen, um alles zu hören, was dir vom Herrn befohlen ist.
34 Petrus aber tat seinen Mund auf und sprach: Nun erfahre ich in Wahrheit, daß
Gott die Person nicht ansieht; 35 sondern in jedem Volk, wer ihn fürchtet und recht
tut, der ist ihm angenehm.
Das waren die Verse 30 bis 35 des 10. Kapitels der Apostelgeschichte. Aber schon die 29 Verse davor erzählen nur von dieser Begegnung und vor allem, wie diese durch göttliche Fügung angebahnt wird. Cornelius war der Hauptmann einer großen militärischen Abteilung in Joppe. Joppe ist das heutige Jaffa, es schließt sich direkt an die quirlige und moderne israelische Hauptstadt Tel-Aviv an. In Joppe war also Cornelius Chef der Besatzerarmee. Das kann man vergleichen mit dem Kommandeur der sowjetischen Truppen im Bezirk Dresden zu DDR-Zeiten. Und damit komme ich zur emotionalen Seite der Geschichte. Cornelius war also *die* Feindfigur der Israeliten, die sich ja durch die Römer besetzt fanden. Ich erzähle das, weil deutlich sein muß, für Petrus war Cornelius *der* Feind schlechthin, denn Petrus war seiner jüdischen Herkunft sehr stark verbunden. Auch in unserer Geschichte wird diese Verwurzelung des Petrus im Jüdischen deutlich. Das Kapitel 10 beginnt mit der Schilderung des Cornelius, der ein frommer Mann war und beten ging. Natürlich im Rahmen seiner römischen Religion. Und da erscheint ihm der Engel und fordert ihn auf, diesen Petrus einzuladen. Und dann schwenkt der Erzähler seine Kamera auf

Petrus. Der ruht sich auf der Dachterrasse des Gerbers, wo er zu Gast ist aus, und döst vor sich hin. Auf einmal hat er eine Erscheinung. Er sieht, wie der Himmel sich öffnet und ein Tuch herabgelassen wird, in dem verschiedene Tiere liegen, die dem Juden als unrein gelten. Eine Stimme fordert ihn auf, diese Tiere zu essen. Empört wehrt Petrus ab: „Ich habe noch nie Unreines gegessen!“ Doch die himmlische Stimme stellt dagegen: „Was Gott rein gemacht hat, das sollst Du nicht unrein nennen.“ Und dreimal hat er diese Erscheinung. Mit dieser Erscheinung wird Petrus auf die Begegnung mit Cornelius vorbereitet. Auch dieser Mann, Feind und Besatzer, ist ein Kind Gottes, dem das Heil Gottes gilt. Auch diesem Mann begegnet Gott, als er in seiner Tradition betet und Gott sucht, eine vermeintlich heidnische und falsche Religion.

Und dann geht Petrus wirklich los zum Haus dieses Oberkommandierenden der römischen Streitkräfte natürlich. Und da setzt unser Text ein, Cornelius erzählt von seinem Traum und beim Zuhören kapiert Petrus, was seine Erscheinung mit den vermeintlich verbotenen Tieren meint und bedeutet, und er sagt: „Nun verstehe ich, Gott macht keine Unterschiede zwischen den Menschen und ihrer Herkunft und Tradition.“

Das ist eine gute Osterbotschaft, auch für uns. Denn gerade hier begegnen mir immer wieder Menschen, die meinen genau zu wissen, wie man zu glauben habe. Und alles andere ist ungültig. Aber viele Wege führen nach Glashütte und viele Wege führen zu Gott.

Im Gedicht von Eichendorff … Karfreitag und Ostersonntag unmittelbar nebeneinander. Geht das? … fragte ich mich beim ersten Lesen dieses Gedichts. Das gehört sich doch nicht. Doch, es geht und es geht sehr gut finde ich. Sterben und Auferstehen gehören zusammen. Eines geht nicht ohne das andere. Man kann es ganz zusammenrücken und eigentlich nur so verstehen.

Materie kann nicht verschwinden, sie kann sich nur verwandeln. Energie kann nicht verschwinden, sie kann sich nur transformieren. Auch Geist und Identität können nicht verschwinden, können sich aber weiterentwickeln und Metamorphosen durch-

laufen. Das ist die Botschaft von Ostern, es gibt kein Sterben im Sinne von Verschwinden, es gibt nur Transformation und Entwicklung.
Und das klingt auch bei Josef von Eichendorff an:

Vom Münster Trauerglocken klingen. / Vom Tal ein Jauchzen schallt herauf.
Zur Ruh sie dort dem Toten singen, / Die Lerchen jubeln: Wache auf!
Mit Erde sie ihn still bedecken, / Das Grün aus allen Gräbern bricht,
Die Ströme hell durch Land sich strecken, / Der Wald ernst wie in Träumen spricht,
Und bei den Klängen, Jauchzen, Trauern, / Soweit ins Land man schauen mag,
Es ist ein tiefes Frühlingsschauern / Als wie ein Auferstehungstag.

Der Friede Gottes führe und leite uns auf unserem je eigenen Wege hin zu Auferstehung und Heil. Amen.

Miserikordias Domini 2014

Der Herr ist mein getreuer Hirt, hält mich in seiner Hute, darin mir gar nicht mangeln wird jemals an einem Gute.
Er weidet mich ohn Unterlaß, da aufwächst das wohlschmeckend Gras seines heilsamen Wortes.

Zum reinen Wasser er mich weist, das mich erquickt so gute, das ist sein werter Heilger Geist, der mich macht wohlgemute;
er führet mich auf rechter Straß in seim Gebot ohn Unterlaß um seines Namens willen.

Ob ich wandert im finstern Tal, fürcht ich doch kein Unglücke in Leid, Verfolgung und Trübsal, in dieser Welte Tücke;
denn du bist bei mir stetiglich, dein Stab und Stecken trösten mich, auf dein Wort ich mich lasse.

Du b'reitest vor mir einen Tisch vor mein' Feind' allenthalben, machst mein Herz unverzaget frisch; mein Haupt tust du mir salben
mit deinem Geist, der Freuden Öl, und schenkest voll ein meiner Seel deiner geistlichen Freuden.

Gutes und viel Barmherzigkeit folgen mir nach im Leben, und ich werd bleiben allezeit im Haus des Herren eben
auf Erd in der christlichen G'mein, und nach dem Tode werd ich sein bei Christus, meinem Herren.

(EG 274 / Text: Augsburg 1531 / Melodie: Johann Walter 1524)

Liebe Gemeinde,

der Psalm 23 ist der Psalm für den heutigen Sonntag. Und ich will diesen Psalm diesmal näher anhand des Wochenliedes betrachten. Wenn wir im Gesangbuch am Ende dieses Liedes den Textdichter suchen, dann steht da nur „Augsburg 1531“. Der Dichter, der den Psalm ziemlich texttreu nach der Bibel auf diese Melodie gedichtet hat, ist unbekannt.
Aber der Komponist der Melodie ist bekannt: Johann Walter. Er wurde 1496 in Kahla in Thüringen geboren und starb 1570 in Torgau. Johann Walter gilt als Hauptfigur in der Begründung der evangelischen Kirchenmusiktradition hier in Sachsen und Mitteldeutschland, wie es dies in ihrem Reichtum nur hier gibt. So gründete er die erste Kantorei in Torgau. Vorher gab es das nicht, daß normale Kirchenmitglieder, in diesem Falle Torgauer Bürger, als Chor oder eben Kantorei den Gottesdienst mitgestalteten. Das war in den Städten den Chorknaben oder den Ordensleuten vorbehalten.

Doch singen wir zunächst die erste Strophe:

Der Herr ist mein getreuer Hirt, hält mich in seiner Hute, darin mir gar nicht mangeln wird jemals an einem Gute.
Er weidet mich ohn Unterlaß, da aufwächst das wohlschmeckend Gras seines heilsamen Wortes.

Er weidet mich ohn Unterlaß, da aufwächst das wohlschmeckend Gras seines heilsamen Wortes. Das Weidegras gleich auf DAS WORT zu reduzieren, ist ein sehr protestantisch–lutherischer Gedanke. *Sola scriptura* – die Schrift allein. Der Psalmbeter, möglicherweise König David, hat es sicher umfassender gemeint. Gott sorgt für das, was ich im Leben brauche. Das nimmt dann Jesus in der Bergpredigt wieder auf. Sorget euch nicht darum, was ihr essen werdet, anziehen werdet, … usw. „Er weidet mich auf grüner Aue“ – Gott sorgt sich um unsere Lebensbedürfnisse. Und die sind nicht bei allen gleich. Schafe brauchen andere Weide als Ziegen, Ziegen mögen saftiges Gras gar nicht und vertragen es auch nicht, sie brauchen noch viel ballaststoffhaltigeres, zellulosehaltige Nahrung. Rinde, Zweige. Und so ist es auch mit uns Menschen. Was der eine braucht für seine Erfüllung, ist dem anderen völlig unwichtig.

Strophe 2:

Zum reinen Wasser er mich weist, das mich erquickt so gute, das ist sein werter Heilger Geist, der mich macht wohlgemute; / er führet mich auf rechter Straß in seim Gebot ohn Unterlaß um seines Namens willen.

Das Wasser als Bild für den Heiligen Geist, das gefällt mir. Geist, das ist das Bewegliche, nicht Greifbare. Geist und Wind wird häufig gleichgesetzt. In den semitischen Sprachen gibt es nur ein Wort für Geist und Wind. Im Hebräischen Ruach. Im Arabischen ri<u>h</u> oder ria<u>h</u>. Und wie der Wind, der weht, wo er will, so fließt das Wasser, wo es will. Aber Geist ist noch beweglicher als Wind und Wasser, Geist durchdringt alles. Gottes Schöpfergeist durchdringt ständig alles Lebende, ja auch die scheinbar tote Materie, wie Gestein oder Erze. Gottes Geist durchdringt uns und leitet unser Denken, unser Fühlen, unsere Wege. Strophe 3

Ob ich wandert im finstern Tal, fürcht ich doch kein Unglücke in Leid, Verfolgung und Trübsal, in dieser Welte Tücke; / denn du bist bei mir stetiglich, dein Stab und Stecken trösten mich, auf dein Wort ich mich lasse.

Und dann kommt bei allem Schönen doch das finstere Tal. Leid, Verfolgung und Trübsal. Ja, das gehört auch mit zu unseren Erdentagen. Keines Weg ist ohne

Umweg, ohne Stolpersteine, ohne Gestrüpp. Dann fragen wir: „Warum?“ Warum diese Krankheit? Warum diese Arbeitslosigkeit? Warum die Trennung in der Familie? Warum dieser Unfall? Warum mußte dieses Kind an Leukämie sterben? - Sollte man fragen *Wozu*?

Mancher findet eine Antwort auf dieses *Wozu*. Doch dies kann jeder nur für sich finden. Mancher rätselt sein Leben lang. Ich glaube, alles hat seinen Sinn, nur werden wir erst nach dem Ende unserer Erdentage klar erkennen, wozu das alles. Und ich vermute, der von mir schon mehrfach zitierte John Keats hat Recht, das alles ist dazu da, um unsere Seelen zu formen. Das TAL DER SEELENBILDUNG.

... dein Stab und Stecken trösten mich, auf dein Wort ich mich lasse. Das ist der große Trost, in aller Bedrängnis: wir sind nie allein. Gott begleitet uns gerade in den schweren Tagen. Deshalb Jesus, der selbst sich in tiefstes Leid hat begeben müssen. Strophe 4:

Du b'reitest vor mir einen Tisch vor mein' Feind' allenthalben, machst mein Herz unverzaget frisch; mein Haupt tust du mir salben / mit deinem Geist, der Freuden Öl, und schenkest voll ein meiner Seel deiner geistlichen Freuden.

Und da wird es wieder ganz schön und positiv. Und am Ende sogar der Blick in die Ewigkeit. Nach dem Tode werd ich sein bei Christus, meinem Herren. Mir gefällt das Bild des Festmahls in der biblischen Fassung des Psalms: *Du salbst mein Haupt mit Öl und schenkst mir voll ein.* Und dann am Ende ... *und ich werde bleiben im Hause des Herrn immerdar.* Egal, wie mein Leben verläuft, egal, wie krumm es möglicherweise begann, wegen einer schlechten Kindheit. Wenn ich mich nach Gott und Heil sehne, dann ist alles gut. Das erfuhr auch der eine der Kriminellen, der am Kreuz neben Jesus hing. *Noch heute wirst du mit mir im Paradies sein.* … sagt Jesus zu ihm. In Goethes Faust ist es das Gretchen, welches wegen Kindesmord hingerichtet wird. Im zweiten Teil ist es Gretchen im Himmel, welches die Seele von Faust in den Himmel geleitet. Das arme verpfuschte und durch Verführung kriminell

gewordene Leben, dann ist sie Seelenführerin. Nie über das Leben und die Verfehlungen der anderen urteilen. Natürlich, wir brauchen hier Gesetze für unser Zusammenleben, aber wir dürfen nie endgültig über einen Menschen urteilen. Die verborgene Grundaussage des Psalms ist folgende:
Alles Leben in diesem „Tal der Seelenformung" ist gerichtet hin zu Weiterentwicklung, gerichtet hin zum Heil in Gottes Welt. Amen. Strophe 5:

Gutes und viel Barmherzigkeit folgen mir nach im Leben, und ich werd bleiben
allezeit im Haus des Herren eben
auf Erd in der christlichen G'mein, und nach dem Tode werd ich sein bei Christus,
meinem Herren.

Rogate 2014

7 Der HERR sprach aber zu Mose: Geh, steig hinab; denn dein Volk, das du aus Ägyptenland geführt hast, hat schändlich gehandelt. 8 Sie sind schnell von dem Wege gewichen, den ich ihnen geboten habe. Sie haben sich ein gegossenes Kalb gemacht und haben's angebetet und ihm geopfert und gesagt: Das ist dein Gott, Israel, der dich aus Ägyptenland geführt hat. 9 Und der HERR sprach zu Mose: Ich sehe, daß es ein halsstarriges Volk ist. 10 Und nun laß mich, daß mein Zorn über sie entbrenne und sie vertilge; dafür will ich dich zum großen Volk machen.

11 Mose aber flehte vor dem HERRN, seinem Gott, und sprach: Ach HERR, warum will dein Zorn entbrennen über dein Volk, das du mit großer Kraft und starker Hand aus Ägyptenland geführt hast? 12 Warum sollen die Ägypter sagen: Er hat sie zu ihrem Unglück herausgeführt, daß er sie umbrächte im Gebirge und vertilgte sie von dem Erdboden? Kehre dich ab von deinem grimmigen Zorn und laß dich des Unheils gereuen, das du über dein Volk bringen willst. 13 Gedenke an deine Knechte Abraham, Isaak und Israel, denen du bei dir selbst geschworen und verheißen hast: Ich will eure Nachkommen mehren wie die Sterne am Himmel, und dies ganze Land, das ich verheißen habe, will ich euren Nachkommen geben, und sie sollen es besitzen für ewig. - 14 Da gereute den HERRN das Unheil, das er seinem Volk zugedacht hatte. (2. Mose 32, 7-14)

Rainer Maria Rilke

Ich ließ meinen Engel lange nicht los,
und er verarmte in meinen Armen
und wurde klein, und ich wurde groß:
und auf einmal war ich das Erbarmen,

und er eine zitternde Bitte bloß.

Da hab ich ihm seinen Himmel gegeben, -
und er ließ mir das Nahe, daraus er entschwand;
er lernte das Schweben, ich lernte das Leben,
und wir haben langsam einander erkannt ...

Liebe Gemeinde,

Ich ließ meinen Engel lange nicht los, / und er verarmte in meinen Armen
und wurde klein, und ich wurde groß: / und auf einmal war ich das Erbarmen,
und er eine zitternde Bitte bloß.

Das ist der erste Teil eines Gedichts aus den Engelliedern von Rainer Maria Rilke. Der Engel verarmt in seinen Armen und wird eine zitternde Bitte. Er läßt seinen Engel … sein Schutzengel? … lange nicht los. Geht das? Engel sind doch starke Himmelswesen, die uns erzittern lassen und nicht umgedreht. Ja, möglicherweise ist es meist so. Haben wir möglicherweise zu festgefügte Bilder von Engeln und Himmelswesen, zu festgefügte Bilder von Gott? Bleiben wir zunächst bei den Engeln. Ich erinnere mich, wie ich in unserer Vesper in Glashütte am 1. Januar aus dem Buch über Engel von Rupert Sheldrake und Matthew Fox zitiert hatte. Sie wiederum zitieren in ihrem Buch Hildegard von Bingen und aus ihrer Angelologie, also aus ihrer Engellehre: „Alle Engel sind erstaunt über die Menschen, die durch ihre heiligen Werke mit einem unglaublich schönen Gewand angekleidet erscheinen.“ Ist das nicht eine erstaunliche Aussage über Engel, oder auch vielmehr über uns Menschen? Denken wir von uns viel zu schlecht? Denken wir, wir sind ohnmächtige

Geschöpfe und Gott ist allmächtig und unwandelbar? Wir reden ja auch von Gottes ewigem Ratschluß. Wenn wir uns so ein Gottesbild gemacht haben, dann belehrt uns der heutige Predigttext eines Besseren. Ich lese aus dem 2. Mosebuch, Kapitel 32:

7 Der HERR sprach aber zu Mose: Geh, steig hinab; denn dein Volk, das du aus
Ägyptenland geführt hast, hat schändlich gehandelt. 8 Sie sind schnell von dem Wege
gewichen, den ich ihnen geboten habe. Sie haben sich ein gegossenes Kalb gemacht
und haben's angebetet und ihm geopfert und gesagt: Das ist dein Gott, Israel, der
dich aus Ägyptenland geführt hat. 9 Und der HERR sprach zu Mose: Ich sehe, daß es
ein halsstarriges Volk ist. 10 Und nun laß mich, daß mein Zorn über sie entbrenne
und sie vertilge; dafür will ich dich zum großen Volk machen.
11 Mose aber flehte vor dem HERRN, seinem Gott, und sprach: Ach HERR, warum
will dein Zorn entbrennen über dein Volk, das du mit großer Kraft und starker Hand
aus Ägyptenland geführt hast? 12 Warum sollen die Ägypter sagen: Er hat sie zu
ihrem Unglück herausgeführt, daß er sie umbrächte im Gebirge und vertilgte sie von
dem Erdboden? Kehre dich ab von deinem grimmigen Zorn und laß dich des Unheils
gereuen, das du über dein Volk bringen willst. 13 Gedenke an deine Knechte
Abraham, Isaac und Israel, denen du bei dir selbst geschworen und verheißen hast:
Ich will eure Nachkommen mehren wie die Sterne am Himmel, und dies ganze Land,
das ich verheißen habe, will ich euren Nachkommen geben, und sie sollen es besitzen
für ewig.
– 14 Da gereute den HERRN das Unheil, das er seinem Volk zugedacht hatte.

Gott erfährt eine Kränkung durch das Volk Israel, welches sich ein Götterbildnis gemacht hat. Ein Kalb, was ist das für ein Bild? Löwen sind königliche Tiere, oder auch Adler. Aber doch kein Kalb. Gott ist eifersüchtig und gekränkt. Gott will sich rächen für diese Kränkung und das Volk vernichten. Es ist die Rede vom entbrennenden Zorn. Gott ist in Rage. Wie ein Mensch, der – außer sich – alles um sich zerschlägt. So erlebt Mose Gott, als er auf dem Berg Sinai ist. Und Mose reagiert, er redet Gott ins Gewissen … und jetzt übersetze ich das mal in unsere Sprache: *„Gott, das kannst Du nicht machen. Komm erst mal wieder runter. Außerdem hast Du unseren Ahnen ewige Treue versprochen. Du kannst doch nicht einfach Dein Wort brechen. Außerdem: wie stehst Du dann vor den Ägyptern da? Die werden sagen: na, was ist denn das für ein Gott, der führt seine Leute aus der Versklavung in die Wüste, um sie dann dort umzubringen.“*

Und wie reagiert Gott? Er läßt sich bereden und beruhigen, er wird nachdenklich und ändert seinen Wutentschluß. Gott bereut seinen Wutausbruch.

Ich weiß, einige hier in unseren Orten haben mit so einer Schilderung Gottes ihre Probleme, es bringt Ihr Gottesbild gehörig durcheinander. Aber so steht's geschrieben. Und es ist heute uns als Predigttext vorgegeben. Und ein Gottesbild können wir nur haben, wenn wir uns eins gemacht haben. Aber in den zehn Geboten gibt es eines, das hat Martin Luther untern Tisch fallen lassen, weil er die damalige Bilderstürmerei in den Kirchen so ablehnte, zu Recht. Nur zwölf Kapitel vorher steht: *Du sollst dir kein Bildnis noch irgendein Gleichnis machen, weder von dem, was oben im Himmel, noch von dem, was unten auf Erden, noch von dem, was im Wasser unter der Erde ist.* Mit Bildnis ist nicht das gemeint, was Künstler machen. Also nicht die oberflächliche Sicht vieler Muslime oder auch der reformierten Kirche, wo es keine Bilder gibt, meist nichtmal ein Kreuz. Der tiefere Sinn ist, wir sollen uns keine festen Vorstellungen von Gott machen. Aber hier ist nicht nur Gott gemeint, sondern es heißt, von dem was oben im Himmel, unten auf Erden und im Wasser unter der Erde. Hier finden wir noch das alte ptolemäische Weltbild, die Welt in Ebenen.

Kein festes Urteil oder festes Bild von Gott, kein festes Bild vom Mitmenschen, kein festes Bild von den anderen Wesen, den Tieren Pflanzen und Engeln … oder bösen Geistern.

Zurück zu unserem Text. Ein eifersüchtig polternder Gott läßt sich von einem Menschen bereden und beruhigen. Ähnlich verhandelt Abraham mit Gott angesichts der drohenden Zerstörung von Sodom. Gott hört zuweilen auf die Menschen. Mose wirkt hier vernünftiger, er vermittelt, er verhandelt, er ist Diplomat. Ist das nicht interessant?

Wir reden heute häufig vom liebenden Gott? Sicher deswegen, weil Menschen Gott so erfahren. Sie erfahren Gott als gütig und liebend. Und das ist gut so und auch wahr. Da sind Schicksalsschläge und doch ist da im Hintergrund Liebe und Gehaltensein.

Und jetzt muß ich mal auf die wenigen Glaubenden zu sprechen kommen, die sich von der großen Masse der Glaubenden unterscheiden. Sie unterscheiden sich darin, daß sie eine tiefe Verbindung mit Gott suchen und in ihrer Seele diese Verbindung knüpfen. Die sagen etwas, was jeder in der Bibel lesen kann ... z.B. anhand des heutigen Textes, aber es ist den allermeisten suspekt und sie können das nicht so sehen, weil ihr Glaube klein ist. Diese so ganz tief und eng bei Gott Gehenden sagen zuweilen: Gott verändert sich. Gott entwickelt sich zusammen mit dem Universum, zusammen in der ganzen Schöpfung. Gott entwickelt sich zusammen mit allen Wesen, mit den Menschen, mit den Tieren und Pflanzen und mit den jenseitigen Wesen, ja, selbst mit dem, was wir als Materie ansehen. Alles entwickelt sich hin zum Heil und zur Liebe. Das ist ein großes und ein wunderbares Wissen. Und dazu braucht es ein großes und weites Herz, eine empfangende Seele. Meister Eckhart würde es sogar so ausdrücken: Dazu braucht es eine große Gott empfangende und gebärende Seele. Für eine solche Formulierung wurde gegen ihn ein Inquisitionsverfahren angestoßen, aber – Gott sei Dank – er starb vor dessen Abschluß dieses.

Auch Rainer Maria Rilke hat eine große und weite Seele. Deshalb wußte er, alle Wesen sind aufeinander angewiesen, zuweilen die immer stark erscheinenden Engel auf unsere menschliche Barmherzigkeit, sein Gedicht endet mit dem gegenseitigen Erkennen, also mit Gemeinschaft:

Ich ließ meinen Engel lange nicht los,
und er verarmte in meinen Armen
und wurde klein, und ich wurde groß:
und auf einmal war ich das Erbarmen,
und er eine zitternde Bitte bloß.

Da hab ich ihm seinen Himmel gegeben, -
und er ließ mir das Nahe, daraus er entschwand;
er lernte das Schweben, ich lernte das Leben,
und wir haben langsam einander erkannt ...

Pfingsten 2008

Ich danke dir dafür, daß ich wunderbar gemacht bin; wunderbar sind deine Werke; das erkennt meine Seele. (Psalm 139, 14)

Liebe Gemeinde,

Als Gerhart Hauptmann am 29. Juli 1885 zum ersten Mal die Insel Hiddensee besuchte, war er von diesem kleinen Streifen Land ganz hingerissen. Nachts, in der ersten Nacht, wachte er auf und hörte einen Vogel singen, lustig und ganz vielfältig vor sich hinzwitschern. Sonst nichts. Stille. In der Ferne das Rauschen der Brandung. Er wollte bei diesem schönen Gesang des Vogels nicht einschlafen. Nein, er setzte sich hin und schrieb ein Gedicht mit dem Titel „Mondscheinlerche". Das war der erste literarische Text, den Gerhart Hauptmann auf dieser kleinen Insel schrieb. Ganz viele, eigentlich die meisten Werke sind wenigstens zum Teil auf Hiddensee entstanden. Fast sechs Jahrzehnte verbrachte der Dichter meistens den Sommer auf dieser Insel, auf die es immer mehr Künstler zog und zieht. Bald war regelmäßiger Inselgast auch die große Stummfilmschauspielerin Asta Nielsen, die ihr Sommerhäuschen in Vitte lustigerweise „Karusel" nannte. Und der humorvolle Dichter Ringelnatz saß dann dort mit ihr auf der Café-Terrasse und ließ sie teilhaben an seinen lustigen Gedichten. Gerhart Hauptmann übrigens hat dort auf Hiddensee sich immer Gott ganz nah gefühlt. Den kurzen Gang vom Altbau seines Sommer-hauses hin zum Neubau nannte er etwas übertrieben „Kreuzgang" und seine Spaziergänge über den Dornbusch – und davon zeugen Photographien – ging er oft in eine Mönchskutte gekleidet.

Es gibt solche Orte, die berühren uns ganz neu und dann immer wieder, die lassen das Herz weit werden, da fühlt man sich dem Himmel näher und man wird ganz dankbar für die Schöpfung.

Ja, es gibt Orte und Gegenden, da fühlen wir uns wohl und frei und stark, da strahlt etwas Heiliges in unser Leben und wir sind dankbar, daß alles so wunderbar gemacht ist.
Wunderbar sind deine Werke heißt es im Psalm 139. *Ich danke dir dafür, daß ich wunderbar gemacht bin; wunderbar sind deine Werke; das erkennt meine Seele.*

Heute wird die kleine Elli Neubert getauft. Und Vers 14 aus Psalm 139 ist auch ihr Taufspruch. Elli ist wunderbar gemacht. Sie hat schon ganz ihren eigenen Kopf und ist ganz lieb und neugierig. Bei meinem Besuch am Sägewerk in Hirschsprung hatte sie gerade lernen müssen, das Kakteen Stacheln haben. Sie erobert sich ihre Welt ganz aktiv erkennend. Und nur die Neugierigen erlangen Erkenntnis. Mit der Taufe wird deutlich, Gott begleitet sie auf ihrem Weg in dieser Welt, der ein vielfältiger Weg sein soll mit vielen interessanten Stationen. Wege haben manchmal Steine, die vor uns auf dem Weg liegen, manchmal sind sie auch vor unsere Füße geworfen worden. *Vor* heißt im Griechischen „Pro" und *werfen* heißt „Ballo". Proballo. Etwas davor werfen. Daher kommt unser Wort „Problem". Es wird also auch auf Ellis Lebensweg Probleme geben, hingeworfene Hindernisse. Aber mit der Taufe wird ihr zugesagt, daß sie in diesen Situationen begleitet ist, nicht alleine und geschützt ist und das gilt für uns alle.

Wir feiern Pfingsten. In diesem Psalmwort kommt der Heilige Geist gar nicht vor, könnte man einwenden. Aber in diesem Vers 14 steckt ganz Pfingsten drin. ... *das erkennt meine Seele* sagt der Beter des Psalms 139. Der hat also sein Herz geöffnet und Gott konnte mit seiner Schöpfung in diesen Menschen hineinsprechen. Der hat erkannt: In der wunderbaren Natur spiegelt sich Gottes Größe wider. In der Weise,

wie wir gemacht sind, in der Vielfältigkeit der Schöpfung, im schönen Gesang eines Vogels zur Nacht auf Hiddensee, begleitet vom Baß des Meeresrauschens, da erkennen wir die Liebe Gottes zu uns Geschöpfen. Die Liebe Gottes zu seiner Welt und allem Leben. Und wenn wir offen sind für Gottes gute Schöpfung, dann spricht sein Geist zu uns, dann sind wir seinem Reden und Wehen ganz nah.
Arm ist der, der jetzt in dieser Jahreszeit von Altenberg über die herrlichen Wiesen nach Bärenstein wandert und eigentlich nichts empfindet von der Besonderheit dieses Fleckchens Erde „Ja, Wiesen eben. Wann sind wir endlich da?“ Arm und bemitleidenswert ist der, der auf Hiddensee sich denkt: „Na ja, eine Insel, recht klein, nicht viel los, nicht mal ein Erlebnisbad.“ Wer so dünn und karg empfindet, der hat ein verkrustetes Herz, dem hat die Bitterkeit die Seele zugeklebt. An den kommt kaum jemand ran, nicht mal Gott. Manchmal brauchen solche Menschen eine Erschütterung, damit das wieder aufbricht, damit sie wieder mit den Ohren des Herzens hören können, manchmal brauchen die eine Krise und dann erst spüren sie das Wehen des Geistes Gottes. Wir können aber auch um Gottes Geist bitten. Wir können Sensibilität für das Reden Gottes, für das Wehen seines Geistes erbitten und einüben. Wieviele sind hinausgegangen in die Natur, um Gott näher zu sein. Die Einsiedler, deren Vorbild Johannes der Täufer ist in der Einsamkeit am Jordan.

Als ich im April 2008 zwei Wochen lang auf der Insel Hiddensee war, da habe ich gespürt, das ist ein ganz wunderbares, gesegnetes Stückchen Land. Das Meer ist immer da, nicht so wie bei der Nordsee. Die Insel hat etwas Leichtes, Liebliches. Die Farben sind sanft. Der Dornbusch mit seinen bis reichlich 70 Meter hohen Hügeln ist kein hartes hohes Gebirge, nein der Dornbusch ist ein Ensemble weich fallengelassener Hügelbällchen. Und dieses Weiche der Insel erschließt sich auch darin, daß ständig am Norden Stücke der sandig-lehmigen Hochküste abrechen, weggespült werden und dann am Neuen Bessin wieder angespült wird, einer Landzunge, die jedes Jahr zwanzig bis dreißig Meter wächst und den vielfältigsten Vögeln Raum zum Leben und Brüten gibt, oder zum Ausruhen auf ihrem Zug von Nord nach Süd, von

Süd nach Nord. Einmal wanderte ich auf dem Kammweg an der Dornbuschküste in die Abenddämmerung. Alle Vögel wurden still. Nur das ferne Branden des Meeres untermalte den Abend. Es war einer der ersten milden Tage, an denen man ohne Jacke gehen konnte. Auf einmal fing ein Vogel an zu singen, gar nicht weit von dort, wo ich ging. Unermüdlich erfand er neue Melodien, ähnlich wie die Nachtigallen bei uns, nur nicht ganz so lyrisch weich. Und der Sprosser, so der Name des Vogels, ist tatsächlich ein Verwandter der Nachtigall, der Lebensraum des Sprossers erstreckt sich vom Baltikum an der Ostseeküste bis hin zur ostdeutschen Ostseeküste. Und an jenem Abend sang er mir das Abendlied wie damals das Nocturne (Nachtstück) dem gerade angekommenen Gerhart Hauptmann, der ihm am 29. Juli 1885 sein erstes Hiddenseegedicht widmete und da diesen einsamen Sänger liebevoll „Mondscheinlerche“ nannte.

Ich möchte enden mit einem nicht ganz so alten Psalmlied, es ist am 29. Juli 1885 auf Hiddensee entstanden:

Mondscheinlerche

Von dem Lager heb' ich sacht / meine müden Glieder;
eine warme Sommernacht / draußen stärkt sie wieder.

Mondschein liegt um Meer und Land / dämmerig gebreitet;
in den weißen Dünensand / Well' auf Welle gleitet.

Unaufhörlich bläst das Meer / eherne Posaunen;
Roggenfelder, segenschwer, / leise wogend raunen.

Wiesenfläche, Feld und Hain / zaubereinsam schillern;
badend hoch im Mondenschein / Mondscheinlerchen trillern.

„Lerche, sprich, was singst du nur / um die Mittnachtsstunde?
Dämmer liegt auf Wald und Flur / und im Wiesengrunde."

„Will ich meinen Lobgesang / halb zu Ende bringen,
muß ich tag- und nächtelang / singen, singen, singen!"

Trinitatis 2011

1 In dem Jahr, als der König Usija starb, sah ich den Herrn sitzen auf einem hohen
und erhabenen Thron und sein Saum füllte den Tempel. 2 Serafim standen über ihm;
ein jeder hatte sechs Flügel: Mit zweien deckten sie ihr Antlitz, mit zweien deckten
sie ihre Füße und mit zweien flogen sie. 3 Und einer rief zum andern und sprach:
Heilig, heilig, heilig ist der HERR Zebaoth, alle Lande sind seiner Ehre voll! 4 Und
die Schwellen bebten von der Stimme ihres Rufens und das Haus ward voll Rauch.
5 Da sprach ich: Weh mir, ich vergehe! Denn ich bin unreiner Lippen und wohne
unter einem Volk von unreinen Lippen; denn ich habe den König, den HERRN
Zebaoth, gesehen mit meinen Augen. 6 Da flog einer der Serafim zu mir und hatte
eine glühende Kohle in der Hand, die er mit der Zange vom Altar nahm, 7 und rührte
meinen Mund an und sprach: Siehe, hiermit sind deine Lippen berührt, daß deine
Schuld von dir genommen werde und deine Sünde gesühnt sei.
8 Und ich hörte die Stimme des Herrn, wie er sprach: Wen soll ich senden? Wer will
unser Bote sein? Ich aber sprach: Hier bin ich, sende mich! 9 Und er sprach: Geh hin
und sprich zu diesem Volk …

Liebe Gemeinde,

wenn Sie in Görlitz über die Neiße nach Zgorzelec hinüberschauen, sehen Sie eine alte Häuserreihe an der Neiße auf der heutigen ul. Daszyńskiego und mittendrin ein kleineres als die umstehenden, ockerfarbenes Häuschen. Dort lebte von 1590 bis 1610 Jacob Böhme. 1575 in Alt Seidenberg – gleich bei Görlitz – geboren, lebte er später als Schuhmacher in Görlitz. Aber er war nicht nur Schuhmacher. Als junger Mann war er von tiefer Melancholie befallen, heute sagen wir dazu: Depression. Er hatte schwerste Depressionen und das ist – nur wer so etwas mal hatte, kann das wirklich nachfühlen und verstehen – schwerste innere Dunkelheit, ein Sinnlosigkeitsgefühl verbunden mit völliger Freud- und Lustlosigkeit. Er suchte Sinn und Halt in den Schriften von Theologen und fand doch nichts, was ihm wieder Lebenssinn und -mut verlieh. Aber in seiner Suche kam es zu Visionen oder Eingebungen oder plötzlichen Erkenntnissen. Er schrieb 1612 ein Werk mit Namen „Morgenröte im Aufgang“. Der Titel zeigt an, daß es damit in seinem Leben heller wurde. Es war ein Werk von tiefer Religiosität, aber fern aller damaligen lutherischen Lehre. Und diese lutherische Lehre war zwei drei Generationen nach der Reformation etwas erstarrt. Der frische Wind war raus und die Predigten in den lutherischen Kirchen wurden zunehmend trockener und lebensferner. Eben genau darunter litt Jacob Böhme vor der Nieder-schrift dieses Werkes, in dem er ganz frei von gerade gültiger Theologie über den Weg zum Göttlichen nachdachte und schrieb. Wie viele Mystiker beschrieb er den Weg zu Gott als einen Weg durch die Naturbetrachtung. Er sagte auch mal etwa sinngemäß: Man erkenne Gott in der Betrachtung der Natur und der Dinge. Er ließ dieses erste Werk drucken und verteilte es an Freunde und Bekannte und auch an den Pfarrer seiner Kirchgemeinde, der Peter- und Paulskirche, die Sie vielleicht kennen, sie steht hoch über der Neiße. Pfarrer Gregor Richter allerdings sah in diesem Werk nur Böses, Irrglauben und spalterische Gedanken. Er klagte Böhme an. Böhme wurde inhaftiert, aber nicht sehr lange, er wurde mit einem Publikationsverbot belegt, an das er sich auch hielt. Etliche Jahre schwieg er, schritt aber in seinem Erkenntnisprozeß weiter. In dieser Zeit festigte sich in ihm das Wissen, von Gott angesprochen zu sein, berufen zu sein, seine Erkenntnisse als von Gott gegeben weitertragen zu sollen. Seine Freunde drängte ihn, doch wieder ein Werk zu verfassen und so tat er dies entgegen dem Publikationsverbot 1619. Sein Schuhmacherhandwerk geriet zur Nebensache, seine Frau betrieb einen erfolgreichen Garnhandel. Er war zwar frei wurde aber weiterhin stark kritisiert von den lutherischen Theologen.

Ja, so geht es manchmal. Da wacht einer auf, erkennt Dinge und Wahrheiten, die so

ganz gegen eine sich niedergelassene und bequemgewordene Mehrheitsmeinung steht. Und die Wachen haben es schwer. Sie werden als ungemütlich empfunden und deshalb oft bekämpft. Bekämpft von denen, die meinen, die Wahrheit genau zu kennen.
Heute haben wir einen Text – wir haben ihn vorhin in der ersten Lesung gehört – in dem das wunderbare Berufungserlebnis des Jesaja erzählt wird. Er hat eine Vision, einen Einblick in Gottes Welt. Der erste Reflex des Jesaja ist: Ich werde umkommen, denn ich bin nicht wert, Gottes Gegenwart zu ertragen. Und dann wird – in dieser Vision – sein Mund mit glühenden Kohlen berührt. Ja, er soll warm und sprühend reden. Kein kaltes, abgestandenes Bla bla. Er soll dem Volk Israel eine böse Zeit ankündigen und soll dieses Böse, nämlich die Belagerung durch die Babylonier, erklären und dem Volk selbst die Schuld dafür zusprechen.
Wir wissen über das Ergehen des Jesaja nichts. Anders bei Jeremia, über sein Leben wissen wir einiges. Er wurde angefeindet wegen der ernsten Predigt, die er immer wieder dem Volk halten mußte.
Zurück zu Jesaja und seiner Berufungsvision. Bei etlichen Propheten und Männern Gottes des Alten Testament (Jeremia, Jona, aber auch bei Mose) ist es so, daß sie von ihrer Berufung gar nicht begeistert sind. „Ach, nee, lieber nicht.“ so kann man die ersten Reaktionen oft charakterisieren. Sie wußten, sie werden es schwer haben, sie werden Anfeindungen ertragen müssen, ihnen werden möglicherweise Angriffe auf Leib und Leben widerfahren. Und doch werden sie befähigt, dies zu tragen. Die Berührung mit der Kohle. Du wirst angezündet, es brennt in Dir, Du wirst das Feuer haben, das Du brauchst.
Auch wir leben in einer Zeit der Verfestigung, der Verkrustung. In der Bedrängnis durch den Kommunismus wurden damals ganz lebendige Ideen wach. Ein engeres Miteinander zwischen den Konfessionen. Wir hatten damals zusammen mit unserer katholischen Nachbargemeinde viele gemeinsamen Unternehmungen. Die Jugend war zusammen. Wir machten jedes Jahr gemeinsame Dampferfahrten. Es war viel inneres Leben da unter manchem äußeren Mangel. Heute leben wir in einer

rückwärtsgewandten Tendenz hin zu dogmatischen Haltungen. Es kommt wieder darauf an, richtig zu glauben. Und das halte ich für einen Irrweg. Klar, aus der Erfahrung des Kleinerwerdens unserer Kirchen schließen wir uns geistig etwas ein. Ein schärferes Profil heißt das heute, aber es ist tatsächlich eine geistige Verengung. Ein sich Abschneiden von geistigen Aufbrüchen, die woanders geschehen. Geistige Aufbrüche – die auch geistlich sein können, ich mache da keine Unterscheidung – geschehen eben über Kirchengrenzen hinweg, denn Gottes Geist weht wo er will. Ich habe beispielsweise erlebt, wie in einer Diskussion die wunderbare Idee eines Weltethos der Weltreligionen von Hans Küng von einem Bischof ziemlich dünn begründet einfach niedergemacht wurde. Die Idee von Hans Küng ist folgende: er meint, die Religionen sollten sich zusammensetzen, sollten zusammentragen, was es in jeder Tradition und Religion Gutes und Hilfreiches für das Zusammenleben in dieser modernen Welt gibt und sollten daraus Werte und Gedanken formulieren, die uns verbinden und unsere Gesellschaft weltweit lebens-wert gestalten sollten. Natürlich geht Küng davon aus, daß Gott auch in anderen Traditionen wirkt und sich offenbart. Und genau das ist manchen Theologen ein Dorn im Auge. Nein dieses alte unselige und trennende „Wir haben Recht und wir haben die Wahrheit“ wird hochgehalten und somit wieder Mauern aufgezogen.

Wir sollten auf die hören, die etwas Unkonventionelles, etwas Einfaches verkünden, was aber die Menschen verbindet. Ich denke da auch an die Bruderschaft von Taizé. Auch dort werden Menschen unterschiedlicher Kirchen zusammengebracht, daß sie gemeinsam beten und Gottesdienst feiern und gemeinsam ein Stück leben. Immer wieder wachen Menschen auf, man kann auch sagen: sie werden berufen, den Menschen den einfachen und direkten Weg zu Gott zu ebnen. Die Menschen brauchen nicht unbedingt unsere Kirche bei ihrer Suche nach Gott. Aber unsere Kirche braucht den Geist Gottes, um weiterhin eine Gemeinschaft in der großen Gemeinschaft der Glaubenden zu bleiben. Also hören wir auf die Beseelten, auf die unkonventionellen aber begeisterten Leute, die etwas Neues und Lebendiges zu sagen haben.

Trotz Verbot veröffentlicht 1619 Jacob Böhme sein zweites, viel besser strukturiertes Buch „Die Beschreibung der drei Prinzipien göttlichen Wesens“ und dann noch andere Schriften. 1624 erscheint sein Buch „Weg zu Christo“ und da wird der Pfarrer Richter wieder aktiv und klagt ihn erneut an. Allerdings ohne große Wirkung, denn er, also jener Pfarrer Gregor Richter, stirbt kurz darauf. Allerdings ist auch Böhme krank. Noch auf dem Sterbebett wird er vom Nachfolgepfarrer über seinen Glauben befragt und Böhme sagt frei, was er denkt und erkannt hat. Daraufhin wird ihm das Sterbeabendmahl verweigert.

Böhme gehört heute zu den wichtigsten Philosophen. Von Hegel wurde er gar als der *erste deutsche Philosoph* bezeichnet. Seine Theologie wird als *Theosophie* bezeichnet. Also auf deutsch: *Die Weisheit von Gott* oder *die Weisheit über das Göttliche.* Seine Erkenntnisse sind gerade im Dialog mit anderen mystischen Traditionen innerhalb christlicher Kirchen aber auch im Dialog mit dem Buddhismus und mit dem Islam von großem Gewinn.

Er hatte es schwer zeitlebens. Aber diese Schwierigkeiten mit dem Pfarrer seiner Peter- und Paulskirche in Görlitz waren doch nichts gegen das Dunkel der Depression. Er wußte sich immer auf einem guten Weg. Kein selbstgewählter Weg, nein Erkenntnisse, die ihm aus einer anderen Sphäre, von einer göttlichen her zuwuchs.

Als Jacob Böhme am 17. November 1624 stirbt, ist sein Sohn zugegen. Jacob Böhme fragt ihn: „Hörst du auch diese wunderbare Musik?“ und dann sagt er nur noch: „Ich gehe jetzt ins Paradies.“ und stirbt.

Menschen werden berufen und gerufen, sie werden mit Gottes Geist beschenkt. Bei Jesaja war das fern von der dem damaligen israelitischen Religionsbetrieb. Auch heute geschieht so was zuweilen fern vom kirchlichen Betrieb. Hören wir diesen Visionären zu. Sie können mit ihrer Botschaft neu beleben, sie bringen wieder etwas in Fluß, was ins Stocken geraten war. Und wer sich von diesen Visionären anstecken läßt, wird selbst ein Teil im Fließen des Geistes Gottes.

Und der Geist Gottes möge uns immer wieder tiefen Frieden schenken, aber auch Feuer und Bewegung hin zu einem guten Ziel, zu Gottes Welt. Amen.

Trinitatis 2012

Cantique de Jean Racine (vertont von Gabriel Fauré 1865)

Verbe égal au Très-Haut, notre unique espérance,
Jour éternel de la terre et des cieux,
De la paisible nuit nous rompons le silence:
Divin sauveur, jette sur nous les yeux.

Répands sur nous le feu de ta grâce puissante;
Que tout l'enfer fuie au son de ta voix;
Dissipe ce sommeil d'une âme languissante
Qui la conduit à l'oubli de tes lois!

Ô Christ ! sois favorable à ce peuple fidèle,
Pour te bénir maintenant assemblé;
Reçois les chants qu'il offre à ta gloire immortelle,
Et de tes dons qu'il retourne comblé.

Wort, dem Höchsten nur gleich, unsere einzige Hoffnung,
ewiger Tag der Erden und Himmel.
Wir brechen die Stille der friedlichen Nacht:
Göttlicher Retter, schau auf uns herab!

Über uns gieße die Glut Deiner mächtigen Gnade,
daß die Höllen fliehn deiner Stimme Tönen;
Verscheuche der müden Seele Schlummer,

der sie vergessen macht Deine Gebote!

O Christ, sei gnädig gesonnen dem gläubigen Volke,
das Dich zu segnen hier nun ist versammelt,
vernimm den Gesang, Deinem ewigen Ruhme geweiht;
geh' es erfüllt von Deinen Gaben!

Heilig, heilig, heilig ist der Herr Zebaoth, alle Lande sind seiner Ehre voll.
(Jesaja 6, 3)

Liebe Gemeinde,

als im Jahre 1865 der Komponist Gabriel Fauré sein Studium der Kirchenmusik beendet, muß er eine Komposition vorlegen. Er wählt sich einen Gebetstext von Jean Racine aus. Jean Baptiste Racine lebte in der Zeit des Barock und war ein Dichter. Er hat Theaterstücke geschrieben, aber eben auch alte lateinische Gebete ins Französische übersetzt. Ich lese zunächst die erste Strophe eines Morgengebets, natürlich in deutscher Übersetzung.

Wort, dem Höchsten nur gleich, unsere einzige Hoffnung,
ewiger Tag der Erden und Himmel.
Wir brechen die Stille der friedlichen Nacht:
Göttlicher Retter, schau auf uns herab!

Es ist eine hohe Sprache. So spricht man nicht im Alltag. Das ist sehr feierlich. Und das paßt gut zum Trinitatisfest. Trinitatis – eine Woche nach Pfingsten. Trinitatis – zu deutsch: Dreiheit. Irgendwann hat die Theologie gemeint, man könne anhand der Bibeltexte meinen, Gott begegne uns in drei Personen, Gott Vater, Gott Sohn, Gott Heiliger Geist. Ob das so ist, weiß natürlich keiner. Und ich halte es für vermessen, dies als eine Tatsache festzuschreiben, denn das hieße, wir könnten Gottes Wesen beschreiben. Aber wir sind Geschöpfe und können nicht den Schöpfer definieren, genausowenig wie ein Vogelnest seinen Erbauer beschreiben kann, es zeugt nur von dessen Baukunst. Und das ist ja auch völlig unlogisch. Drei Personen und doch nur einer? Aber gerade in diesem Unlogischen wird deutlich, hier ist etwas anderes gemeint: Das Staunen über Gottes Größe und das davon ausgehende Lob. Trinitatis heißt: Ich begreife, daß ich Gott nicht begreifen kann.

Wort, dem Höchsten nur gleich, unsere einzige Hoffnung,
ewiger Tag der Erden und Himmel.

Die Welt besteht, weil Gott gesprochen hat. Gott sprach. Und es ward. Gottes Wollen, Gottes Reden erhält diese Welt. Ohne sein fortwährendes Wirken würde alles aus sein, ewiger Tag der Erden und Himmel, alles würde zur Nacht, zur Finsternis. Darüber kann man nur staunen. Dafür kann man nur danken.
Moment. Etwas macht mich stutzig: „ … ewiger Tag der Erden und Himmel“ Gibt es mehrere Erden? Mehrere Himmel? „Am Anfang schuf Gott die Himmel und die Erde.“ So heißt es wörtlich im ersten Satz unserer Bibel. „Die Himmel erzählen die Ehre Gottes“ so spricht Psalm 19. Tatsächlich spricht Paulus davon, in einem Visionserlebnis bis in den siebenten Himmel gekommen zu sein. Von diesen Himmeln erzählt auch der Mystiker Jacob Böhme, den ich schon mehrfach zitiert habe. Und der islamische Mystiker Muhyid-din Ibn Arabi wurde in mehreren Entrückungserlebnissen in verschiedene Himmelsebenen gebracht. Da ist die bulgarische christliche Seherin Wanga, sie lebte von 1911 bis 1996, sie hatte Einblicke in mehrere Erden, oder Planeten, bzw. Welten. Und auch die indianischen

Schamanen erzählen von solchen Seelenreisen.

Wie mag es Jesaja ergangen sein, als er zum Propheten berufen wurde. Er hat eine Gottesvision. Gott sitzt auf dem Thron, sein Saum erfüllt den Tempel. Engel sind drumherum und singen: „heilig, heilig, heilig." Alles bebt. Und Jesaja hat Todesangst. „Ich vergehe ..." ruft er aus. Gottnähe kann auch Angst machen.

Ich lese die zweite Strophe des Gebets von Jean Racine, welches Gabriel Fauré vertont hat.

Über uns gieße die Glut Deiner mächtigen Gnade,
daß die Höllen fliehn deiner Stimme Tönen;
Verscheuche der müden Seele Schlummer,
der sie vergessen macht Deine Gebote!

Es geht weiter in hoher feierlicher Sprache. Die Glut der Gnade. Jesaja hatte Angst, er würde vergehen. Ja, Gottes Gnade kann einen Menschen an den Rand seiner irdischen Existenz bringen. Da kann es heiß werden. Jesaja meint zu sterben, und wird doch begabt zum Propheten. Ich erwähnte die bulgarische Seherin Wanga, eigentlich heißt sie Ewangelia, also die, die die gute Nachricht bringt. Sie hatte auch so ein Erlebnis des drohenden Vergehens. Bei einem Wirbelsturm wurde sie, sie war ein ganz junges Mädchen, viele Meter weit auf ein Feld geschleudert. Ihre Augen waren vom Ackerboden verletzt. Trotz mehrerer Operationen mußte sie erblinden. Und doch konnte sie *schauen*. Fortan hatte sie Einblicke in göttliche Sphären. Menschen kamen in ihrer Not zu ihr und sie sah die Lösung. Sah die Pflanze, die Heilung bringen würde. Ein hoher kommunistischer Funktionär kam zu ihr, weil er wichtige Dokumente verloren hatte und ihm dafür Gefängnis drohte. Die blinde Seherin sah, wo die Dokumente lagen und sagte es ihm, er fand die Dokumente wie weisgesagt … und fand auch den Weg zum Heiligen. Die Glut göttlicher Gnade läßt die Hölle, also die Gottferne fliehn, um mit den pathetischen Worten des Gebets von Jean Racine zu reden. Jesaja meint, vergehen zu müssen. Und dann kommt da auch noch ein Engel mit einer glühenden Kohle vom Altar und berührt damit seinen Mund. Fortan soll er prophetisch reden. Und das erste, was er verkünden soll, ist das drohende Unheil über Israel. Weil sie gottlos sind, wird das Land besetzt und verwüstet. Nach dem wunderbaren Erlebnis der Gottnähe nun diese schwierige Aufgabe. Dem Volk Böses weissagen. Ich kann mir vorstellen, nur aufgrund dieses Gottnäheerlebnisses hat Jesaja die Kraft, diese schwere Aufgabe, die auch mit Anfeindungen einhergehen wird, zu schaffen.

Verscheuche der müden Seele Schlummer,
der sie vergessen macht Deine Gebote!

Das Volk hatte die Gebote vergessen, es war im Schlummer gottlos geworden. Wir brauchen immer wieder das Aufrütteln, das Wachwerden, wachsein zur Gottessuche. Der Wache hat offene Augen, Herzensaugen und kann schauen und hören.

Die dritte und letzte Strophe des Gebets von Jean Racine:

O Christ, sei gnädig gesonnen dem gläubigen Volke,
das Dich zu segnen hier nun ist versammelt,
vernimm den Gesang, Deinem ewigen Ruhme geweiht;
geh' es erfüllt von Deinen Gaben!

Das gläubige Volk möge gehen erfüllt von Gottes Gaben. Eine wunderbare Bitte, finde ich. Wunderbar begabt war auch Gabriel Fauré. Er hat diesen Text als Abschluß seines Studiums vertont für Orgel und vierstimmigen Chor. Da war er gerade 19 Jahre alt. Er hat für dieses Stück die Bestnote bekommen und gleichzeitig den ersten Preis bei einem Komponierwettbewerb gewonnen. Das war in Paris 1865.

Trinitatis. Die Dreiheit in Einheit. Undenkbar. Da kann man nur staunen. Staunen. Eine Form des Gotteslobs. Staunend erlebe ich jedes Jahr das Erwachen der Natur.

Ich habe von der bulgarischen Seherin erzählt, von Jacob Böhme, und auch von Gottes Wirken durch einen islamischen Mystiker. Manche mögen das nicht. Sie denken, Gott und das was unseren Glauben anbelangt, könne man eingrenzen. Nein, das geht nicht. Gottes Welt und Gottes Sprechen ist unermeßlich vielfältig. Wer einmal von Gott in besonderer Weise angesprochen wurde, Jesaja bei seinem Berufungserlebnis, Jacob Böhme in seinen Visionen, aber auch die bulgarische Ewangelia und Ibn Arabi, wer immer besonders Gottes Wirken an sich erfährt, weiß um die Größe und Unfaßlichkeit Gottes und ist deswegen offen für die Vielfältigkeit der Wege Gottes. Und diese Offenheit wünsche ich uns. Wer sein Herz öffnet, dem wird es gefüllt. Deshalb macht Euch auf den Weg. Amen.

1. Sonntag nach Trinitatis 2014

19 Es war aber ein reicher Mann, der kleidete sich in Purpur und kostbares Leinen
und lebte alle Tage herrlich und in Freuden. 20 Es war aber ein Armer mit Namen
Lazarus, der lag vor seiner Tür voll von Geschwüren 21 und begehrte sich zu sättigen
mit dem, was von des Reichen Tisch fiel; dazu kamen auch die Hunde und leckten
seine Geschwüre. 22 Es begab sich aber, daß der Arme starb, und er wurde von den
Engeln getragen in Abrahams Schoß. Der Reiche aber starb auch und wurde be-
graben. 23 Als er nun in der Hölle war, hob er seine Augen auf in seiner Qual und sah
Abraham von ferne und Lazarus in seinem Schoß. 24 Und er rief: Vater Abraham,
erbarme dich meiner und sende Lazarus, damit er die Spitze seines Fingers ins
Wasser tauche und mir die Zunge kühle; denn ich leide Pein in diesen Flammen. 25
Abraham aber sprach: Gedenke, Sohn, daß du dein Gutes empfangen hast in deinem
Leben, Lazarus dagegen hat Böses empfangen; nun wird er hier getröstet und du
wirst gepeinigt. 26 Und überdies besteht zwischen uns und euch eine große Kluft, daß
niemand, der von hier zu euch hinüberwill, dorthin kommen kann und auch niemand
von dort zu uns herüber. 27 Da sprach er: So bitte ich dich, Vater, daß du ihn sendest
in meines Vaters Haus; 28 denn ich habe noch fünf Brüder, die soll er warnen, damit
sie nicht auch kommen an diesen Ort der Qual. 29 Abraham sprach: Sie haben Mose
und die Propheten; die sollen sie hören. 30 Er aber sprach: Nein, Vater Abraham,
sondern wenn einer von den Toten zu ihnen ginge, so würden sie Buße tun. 31 Er
sprach zu ihm: Hören sie Mose und die Propheten nicht, so werden sie sich auch
nicht überzeugen lassen, wenn jemand von den Toten auferstünde.
(Lukas 16, 19-31)

(1664 – Toleranzedikt des Friedrich Wilhelm I. Markgraf von Brandenburg, Herzog von Preußen und Kurfürst des Heiligen Römischen Reiches, „Großer Kurfürst")

Liebe Gemeinde, liebe Jubelkonfirmanden,

1664 – also vor 350 Jahren – erließ Friedrich Wilhelm I. Markgraf von Brandenburg ein Toleranzedikt, welches vorschrieb, daß die protestantischen Bekenntnisse sich gegenseitig zu tolerieren haben. Die Polemik der Lutheraner gegen die Reformierten war also verboten, und umgedreht galt dasselbe, von Gewalt natürlich ganz abgesehen. Diesem Toleranzedikt von 1664 ging ein früheres schon voraus, zwei Jahre vorher – also 1662 – doch darauf gab es erbitterte Diskussionen zwischen den Theologen, die sogenannten Berliner Religionsgespräche. Die brachten keine Ergebnisse, deswegen dieses Toleranzedikt, gleichsam ein Machtwort des Brandenburger Herrschers und Kurfürsten. Warum diese Einzelheiten? Wir haben heute einen Bibeltext, wir haben ihn eben in der Evangelienlesung gehört, der deutlich macht, wie absurd und wie weit entfernt vom Eigentlichen manche Diskussion über Glaubensansichten ist.
Heute gibt es ein gutes Miteinander zwischen den protestantischen Kirchen, es gibt sogar unierte Landeskirchen, also Reformierte und Lutheraner in einer Kirche, wie beispielsweise in der Evangelischen Kirche Mitteldeutschlands. Und auch das Verhältnis zwischen Evangelischen und Römisch-Katholischen ist doch ganz gut.

Wir haben vorhin die Geschichte vom reichen Mann und vom armen Lazarus gehört. Es gibt zwei Gestalten in der Bibel mit dem Namen Lazarus. Neben dem armen Lazarus gibt es noch den Lazarus von Bethanien in Johannes 11. Er ist der Bruder von Maria und Martha und wird krank. Jesus wird gerufen, aber er kommt zu spät, Lazarus ist schon seit ein paar Tagen tot. Doch Jesus ruft in die Grabhöhle hinein und erweckt den Lazarus zu neuem Leben. In der Heiligengeschichte verschmelzen beide und Lazarus ist der Schutzpatron der Fleischer, der Totengräber, der Leprakranken und Schwerkranken überhaupt. Der Name Lazarus ist mit Leiden und Krankheit verbunden. Auch unser Lazarus ist nicht nur bettelarm, sondern auch krank, er hat Geschwüre. Geschwüre sind Symptome von Mangelernährung, mangelnder Hygiene und von Mangel überhaupt. Das Leid des Lazarus wird uns drastisch vor Augen gebracht. Nicht nur, daß er von den Resten des Reichen sich zu sättigen begehrt, nein, da kommen auch noch die Hunde und lecken seine Wunden. Demgegenüber steht der reiche Mann. Er bleibt namenlos. Er ist offenbar ein herzloser Mensch, den das Leid anderer Menschen nicht kümmert, der seinen Reichtum nicht teilt. Er kommt in die Hölle. Die Hölle. Es gibt nur ganz wenige Stellen, wo so ein böser jenseitiger Ort erwähnt wird wie hier. Dort steht das Wort Hades. Und Hades bedeutet einfach nur Unterwelt, Welt der Toten. Aber hier für den reichen Mann ist es ein Ort der Qual. Menschen, die durch besondere mystische Erfahrungen einen Blick ins Jenseits werfen konnten, erzählen selten von solchen Orten der Qual. Letztlich wissen wir es nicht genau.

Jesus redet in Bildern. Der reiche Mann wird sicher nicht für seinen Reichtum bestraft. Sondern er muß wegen seiner Herzlosigkeit leiden, dafür, daß er sich nicht für die Not des Lazarus interessiert hat. Und der war ganz nah, vor seiner Tür. Die Beziehungslosigkeit ist das Problem. Der hätte ihm doch etwas helfen können, etwas von seinem Reichtum abgeben können, mal einen Arzt bezahlen können, ihn mal hereinbitten können. Nichts von dem. Er hat seinen Reichtum genossen und sonst sich für nichts interessiert. Seine Aufgabe in diesem Leben war es, mit seinem Reichtum umgehen zu lernen. Nicht unbedingt alles verschenken, aber sozial verantwortlich mit dem umgehen, was ihm gegeben war. Und dazu gehört Beziehung, Beziehung aufnehmen zu denen, denen es so mangelt. Und da hätte der reiche Mann gar nicht weit gehen müssen, gar nicht weit überlegen müssen. Eine Möglichkeit, helfend und sinnvoll ein Stück seines Reichtums verwenden zu können, lag direkt vor seiner Tür. Er mußte sogar den Blick abwenden, so tun, als sähe er den Lazarus nicht. Unsere Lebensaufgaben liegen direkt vor uns, vor unserer Tür.

Und dann ist da ein Gespräch zwischen dem reichen Mann und Abraham im Himmel, bzw. zwischen Totenreich und Himmel. Das ist natürlich fiktiv, wie vieles in Jesu Gleichnissen. Der reiche Mann zeigt keine Reue, will nur Erleichterung seiner Not. Und er macht sich wiederum nur Sorgen ums Eigene, seine Brüder sollen gewarnt werden. Doch das wird ihm verwehrt. Alles Wissen, wie man leben soll, ist da. Sie haben Mose und die Propheten, also alle Schriften, in denen der gute Wille Gottes geschrieben steht. Und jeder hat sein Gewissen. Sie müssen selber lernen. Wir müssen unsere Lebenslektionen selbst lernen, selbst Erfahrungen durchschreiten. Und die sind unterschiedlich, denn wir kommen verschieden reif auf diese Welt. Manche Seele hat schon viel verstanden, manche muß noch viel lernen. Es gibt Erfahrungen, die man machen mußt, die uns keiner abnehmen kann.

Und es gibt eine Hauptlektion, die wir alle lernen müssen. Mitgefühl. Und dazu müssen wir unser Herz öffnen für unsere Nächsten. Lazarus war der Nächste des reichen Mannes. Mitgefühl und Liebe. Füreinander-da-sein.

Damals vor 350 Jahren stritten sich die Theologen um Nuancen in Glaubensdingen. Die Reformierten beispielsweise sehen im Abendmahl ein bloßes Gedächtnismahl, eine Erinnerungsfeier. Die Lutherischen sehen im Abendmahl ein Sakrament, ein heiliges und besonderes Wirken Gottes. Und diese Frage hat nichts damit zu tun, worauf es wirklich ankommt, diese Frage ist völlig unwichtig. Und das gibt es heute auch noch. Menschen meinen ganz genau zu wissen, wie man zu glauben hat.

Lazarus und der reiche Mann. Beide leben unter völlig verschiedenen Lebensumständen. Der eine reich und in Prunk. Der andere völlig verarmt und krank. Es kommt darauf an, daß eine Beziehung zwischen beiden entsteht. Besonders der eine muß sich bewegen, muß sich einen inneren Ruck geben, der Reiche. Denn das ist es, was er zu lernen gehabt hätte, hätte er sein Erdenleben genutzt. Abgeben. Ein Stück weit für den Armen da sein.

Jubelkonfirmation. Wie mag Ihr Leben verlaufen sein. Es ist völlig unwichtig, in welcher Weise Sie an Gott glauben. Es ist auch völlig unwichtig, ob Ihnen Kirche wichtig geworden ist, oder eher nicht. Es kommt darauf an, die Lebenslektionen anzunehmen und zu lernen. Und diese können ganz unterschiedlich sein, aber sie haben immer mit unserem Lebensschicksal zu tun.

Und sie haben immer etwas mit Beziehungsfähigkeit zu tun, mit Liebenkönnen, mit einem offenen und mitfühlenden Herzen. Amen.

2. Sonntag nach Trinitatis 2013

1 Wohlan, alle, die ihr durstig seid, kommt her zum Wasser! Und die ihr kein Geld habt, kommt her, kauft und eßt! Kommt her und kauft ohne Geld und umsonst Wein und Milch! 2 Warum zählt ihr Geld dar für das, was kein Brot ist, und sauren Verdienst für das, was nicht satt macht? Hört doch auf mich, so werdet ihr Gutes essen und euch am Köstlichen laben. 3 Neigt eure Ohren her und kommt her zu mir! Höret, so werdet ihr leben! (Jesaja 55, 1-3b)

Kabir (Indien, um 1440 – 1518)

Verehrung, Dienst, Disziplin, Fasten –
Das alles ist ein Puppenspiel.
Solange dein Liebster dich nicht berührt,
Solange lebst du im Zweifel.

Verehrung, Dienst, Disziplin, Fasten – Das alles ist ein Puppenspiel.

Liebe Gemeinde,

so lautet die erste von zwei Strophen eines Gedichts von Kabir, eines Dichters, der lebte in der ersten Hälfte des 15. Jahrhunderts in Indien. Er war ein einfacher Weber und konnte weder lesen noch schreiben. Und doch wurde er zu einem der bedeutendsten Dichter Asiens. Er lehrte seine Freunde und Anhänger, indem er seine

Gedichte laut vortrug und andere sie aufschrieben. Er lehnte die strengen Rituale der Brahmanenkaste ab, aus der er stammte, überhaupt lehnte er das Kastensystem ab. Auch damals schon war Indien ein Land mit vielen verschiedenen Religionen.

Verehrung, Dienst, Disziplin, Fasten – das alles ist ein Puppenspiel.

Die Muslime wollten ihn, den wortmächtigen Dichter, für ihre Zwecke einsetzen und sagten: Er ist einer von uns. Doch Kabir widersetzte sich dieser Vereinnahmung. Nein, sagten die Hindus, Kabir ist einer von uns, denn seine Lehren passen zu unserem Glauben. Doch auch ihnen widersprach er. Verehrungszeremonien, Gottesdienst, strenge Gebetsdisziplin, Fasten um Gott näher zu kommen, das ist es nicht, das ist alles Puppenspiel. Damit brüskierte Kabir alle, die es mit ihrer Religion sehr ernst nahmen. Und doch liefen ihm die Menschen hinterher wie 1400 Jahre vorher die Menschen Jesus hinterherliefen. Worauf es im Gegensatz zu Verehrungszeremonien, zum Gottesdienst, zur Religionsdisziplin und zum Fasten ankommt, das schreibt Kabir in der zweiten Strophe. Doch dazu später.

Ich mußte an Kabir denken, an seine Texte und an dieses Gedicht, als ich den Predigttext las. Er steht im Jesajabuch, Kapitel 55:

1 Wohlan, alle, die ihr durstig seid, kommt her zum Wasser! Und die ihr kein Geld habt, kommt her, kauft und eßt! Kommt her und kauft ohne Geld und umsonst Wein und Milch! 2 Warum zählt ihr Geld dar für das, was kein Brot ist, und sauren Verdienst für das, was nicht satt macht? Hört doch auf mich, so werdet ihr Gutes essen und euch am Köstlichen laben. 3 Neigt eure Ohren her und kommt her zu mir! Höret, so werdet ihr leben!

Das ist eine so freundliche und warmherzige Einladung, da wird mir richtig wohlig im Gemüt. Dreimal wird das Geld erwähnt, und daß es zu nichts nütze ist, wenn es um ein Leben in Fülle geht. Wasser, Wein und Milch, … Brot und Köstliches, Chiffren für ein Leben in Fülle.

Genauso wie Kabir die formalen Religionsausübungen seiner Umwelt als leeres Puppenspiel verspottet, so redet auch der Prophet der letzten Jesaja-Kapitel gegen das leere Religionsritual. In Kapitel 58, also nur wenige Seiten später, schreibt er folgendes:

Sie begehren, daß Gott sich nahe. 3»Warum fasten wir und du siehst es nicht an? Warum kasteien wir unseren Leib und du willst's nicht wissen?«

Siehe, an dem Tag, da ihr fastet, geht ihr doch euren Geschäften nach und bedrückt alle eure Arbeiter.

Das aber ist ein Fasten, an dem ich Gefallen habe: Laß los, die du mit Unrecht gebunden hast, lass ledig, auf die du das Joch gelegt hast! Gib frei, die du bedrückst, reiß jedes Joch weg! 7 Brich dem Hungrigen dein Brot, und die im Elend ohne Obdach sind, führe ins Haus! Wenn du einen nackt siehst, so kleide ihn, und entzieh dich nicht deinem Fleisch und Blut!

Frei werden. Freiwerden vom Habenwollen. Habenwollen bringt Unglück auf andere Menschen, auf anderes Leben, dem ich etwas wegnehme. Seid in allen Dingen, in allen Geschäften gerecht. Oder vielmehr: Seid liebevoll.

Als ich im Urlaub war, habe ich die Autobiographie von Elisabeth Kübler-Ross gelesen. Elisabeth Kübler-Ross ist 1926 in der Schweiz geboren und wirkte dann in den USA und starb dort 2004, war Ärztin und hat sich besonders mit dem Sterbeprozeß befaßt, man nennt sie auch eine Sterbeforscherin. Und in ihrer Beschäftigung mit Sterbenden und mit diesem Thema überhaupt hatte sie wunderbare Erfahrungen mit dem Jenseits, mit Gott machen dürfen. Auf einem Kongreß mit Mönchen und Nonnen sagte sie sinngemäß: Ich habe niemals regelmäßig gebetet, bin nie in die Kirche gegangen, habe nie meditiert oder gefastet, ich trinke Kaffee und ich rauche viel … und trotzdem habe ich alle spirituellen Gotteserfahrungen machen dürfen, die man sich vorstellen kann. Darauf antwortete ein Mönch: Sie haben viel Zeit mit Sterbenden verbracht und das hat Sie Gott nahe gebracht.

Man kann es auch einfacher sagen: Wer umfassend liebt und sich so den Menschen seiner Umgebung zuwendet, der wendet sich Gott zu und dem wendet sich Gott zu.

Elisabeth Kübler-Ross hat am Ende ihres Lebens noch einen schönen Satz gesagt:

„In der Schweiz wurde ich nach dem Grundsatz erzogen: arbeiten, arbeiten, arbeiten. Du bist nur ein wertvoller Mensch, wenn du arbeitest. Dies ist grundfalsch.

Halb arbeiten, halb tanzen. Das ist die richtige Mischung! Ich selbst habe zu wenig getanzt und zu wenig gespielt.“

Sind wir nicht alles so erzogen worden? Die Pflicht. Auch die religiöse Pflicht. Bei den Jubelkonfirmationsgottesdiensten sage ich häufig etwa folgendes: „Vielleicht sind einige von Ihnen, liebe Jubelkonfirmanden lange nicht mehr in die Kirche gegangen. Doch darauf kommt es nicht an. Es kommt darauf an, daß man wahrhaftig nach Gott, nach der Wahrheit sucht.“ Ich wurde darauf von einem treuen Gottesdienstbesucher mal angesprochen, das sei nicht richtig. Doch es ist richtig. Es kommt nicht auf den formalen Kirchenbetrieb an. Sollten wir das also abschaffen? Ist das alles sinnlos. Ist unser Kirchenbetrieb Puppenspiel, wie Kabir sagt? Manchmal ist es das wirklich. So empfinde ich es. Ich merke, viele Leute wollen den Kirchen-betrieb wie vor dreißig Jahren zurück. Manchmal denke ich: Eigentlich müßte man ein Jahr gar nichts machen, keinen Gottesdienst, keinen Seniorenkreis, nichts. Und dann sollten wir uns zusammensetzen und beraten: Was wollen wir eigentlich? Was hat uns gefehlt und warum? Was ist uns wirklich wichtig?

Wie erfahren wir Gott? Indem wir wahrhaftig nach ihm fragen und wahrhaftig *ihn* fragen. Und indem wir ein Leben führen, welches Liebe ausstrahlt. Darauf kommt es an und nur darauf. Punkt. Und dann können auch wieder die äußeren kirchlichen Abläufe dazu kommen, dann haben sie Sinn. Aber nur dann.

Oder, um mit dem letzten Satz des Predigttextes zu sprechen: „Höret, so werdet ihr leben.“

Aber auf die Liebe kommt es an, so auch bei Kabir … und jetzt das ganze kurze Gedicht:

Verehrung, Dienst, Disziplin, Fasten – Das alles ist ein Puppenspiel.
Solange dein Liebster dich nicht berührt, Solange lebst du im Zweifel.

Mit „Liebster“ ist Gott gemeint. Und Kabir meint hier: Suche den dich liebenden Gott, dann wirst du leben und alle Zweifel sind weg, denn Gott ist in dir.

Wenn ich den Predigttext lese, dann höre ich auch den Wochenspruch, der genau diese so frohmachende und warmherzige Einladung des Jesaja aufnimmt. Er steht im Matthäusevangelium, Kapitel 11: „Kommt her zu mir, alle, die ihr mühselig und beladen seid; ich will euch erquicken!“ Und mit Kabir, einem großen liebenden Gottsucher will ich enden:

Im Traum traf ich den Herrn,
er weckte mich aus dem Schlaf.
Ich halte meine Augen geschlossen aus Furcht,
Der Traum könnte entschwinden.

Und der Friede Gottes leite uns hin zur wahrhaftigen, liebenden Gottessuche und zur Gottesbegegnung. Amen.

2. Sonntag nach Trinitatis 2014

1 EIN WALLFAHRTSLIED.
Ich hebe meine Augen auf zu den Bergen. / Woher kommt mir Hilfe?
2 Meine Hilfe kommt vom HERRN, / der Himmel und Erde gemacht hat.
3 Er wird deinen Fuß nicht gleiten lassen, / und der dich behütet, schläft nicht.
4 Siehe, der Hüter Israels / schläft und schlummert nicht.
5 Der HERR behütet dich; / der HERR ist dein Schatten über deiner rechten Hand,
6 daß dich des Tages die Sonne nicht steche / noch der Mond des Nachts.
7 Der HERR behüte dich vor allem Übel, / er behüte deine Seele.
8 Der HERR behüte deinen Ausgang und Eingang / von nun an bis in Ewigkeit!
(Psalm 121)

Rainer Maria Rilke

Bei Tag bist du das Hörensagen, / das flüsternd um die Vielen fließt;
die Stille nach dem Stundenschlagen, / welche sich langsam wieder schließt.

Jemehr der Tag mit immer schwächern / Gebärden sich nach Abend neigt,
jemehr bist du, mein Gott. Es steigt / dein Reich wie Rauch aus allen Dächern.

Bei Tag bist du das Hörensagen, / das flüsternd um die Vielen fließt;
die Stille nach dem Stundenschlagen, / welche sich langsam wieder schließt.

So lautet,
liebe Gemeinde,
die erste Strophe von zwei in einem Gedicht aus dem „Buch von der Pilgerschaft", ein Gedichtzyklus, den Rainer Maria Rilke 1901 veröffentlichte. „Bei Tag bist du das Hörensagen". Das „Du" ist hier Gott. Und Rilke umschreibt eine Schwierigkeit, die wir alle kennen. Die Schwierigkeit, von Gott zu sprechen, die Schwierigkeit, von dem Heiligen zu reden. Da fehlen uns manchmal die Worte. Gut, es gibt welche, die reden ganz viel davon und man spürt schnell, es sind festgefügte Formeln, starre, auch leere Wortgebilde. Rilke hat Recht, man sollte es zuweilen beim Hörensagen belassen, wenn uns die Ehrfurcht und das Geheimnis es gebieten.

Mit einer etwas formelhaften Selbstvergewisserung beginnt auch Psalm 121. Er ist einer meiner Lieblingspsalmen. Er ist überschrieben mit „Ein Wallfahrtslied". Und ich stelle mir vor, wie er gesungen wurde, wenn die Israeliten zum Passahfest gen Jerusalem ziehen und dieses Lied singen. Aber das ist nur die vordergründige Bedeutung. Wallfahrtslied heißt, es ist ein Lied über unser Erdenleben. Und nach dieser Ankündigung, es handelt sich um ein Wallfahrtslied, also um ein Lied für unser Erdendasein, steigt der Sänger gleich ein mit formelhafter Theologie.
1 Ich hebe meine Augen auf zu den Bergen. / Woher kommt mir Hilfe?
2 Meine Hilfe kommt vom HERRN, / der Himmel und Erde gemacht hat.
„Meine Hilfe kommt vom HERRN, der Himmel und Erde gemacht hat." Das klingt sehr theoretisch. Und es klingt, wie aus dem Katechismus abgeschrieben. Und da paßt es auch ganz gut. Es ist am Anfang des Psalms, also am Anfang des Lebens. Da lernt man solche Sätze in der Christenlehre und im Konfirmandenunterricht, oder auch zuhause von den Eltern. Aber es ist gelernt und nicht gelebt. Das Wissen um Gott ist vage und ein bißchen vom Hörensagen und klingt wie nachgesprochen. Das

kennen viele … und leider bleiben viele dabei stehen. Ihr Reden von Gott klingt ein wenig theoretisch und wie nach Lehrsätzen. Und die meisten sind aber ehrlich, sie reden nicht mehr viel von Gott und von Glaubensdingen, weil es im Leben in den Hintergrund gerät. Anders der Psalmsänger. Sein Leben scheint voranzuschreiten, denn es klingt weniger nach Katechismus, mehr und mehr nach Leben und Erfahrung:

3 Er wird deinen Fuß nicht gleiten lassen, / und der dich behütet, schläft nicht.

4 Siehe, der Hüter Israels / schläft und schlummert nicht.

Besonders das Wörtchen „siehe“ ist so ein Hinweis. Schau doch hin, es ist doch tatsächlich so, das habe ich so erfahren. Gott schläft nicht, da ist eine ordnende, bewahrende Hand. Zuerst dachten wir immer, na ja, Zufall eben. Doch dann sahen wir das Stete dieser Erfahrung. Immer wieder treffen die Dinge so aufeinander, daß da Kräfte zu wirken scheinen, daß da etwas gefügt wird.

Arthur Koestler, der österreichisch-ungarische Schriftsteller, geriet 1937 als Berichterstatter vom Spanischen Bürgerkrieg in Haft und wurde zum Tode verurteilt. In dieser Zeit wurden über 5000 Leute auf diese Weise umgebracht. Das Urteil gegen ihn wurde aber nicht vollstreckt. In diesen Tagen der Todesnähe erinnert er sich an den Roman „Buddenbrooks“ von Thomas Mann, in dem der Protagonist sich an Ausführungen Arthur Schopenhauers erinnert, wo er über Tod und Weiterleben nach dem Tode schreibt. Diese Erinnerung an den Roman und die dort verarbeiteten Überlegungen Schopenhauers geben dem Arthur Koestler Kraft und Mut. Nachher, als er wieder frei ist, schreibt er dies an Thomas Mann, der vierzig Jahre früher diesen Roman schrieb. Thomas Mann hingegen beschäftigte sich nie wieder mit Arthur Schopenhauer und dessen Zeilen über Leben und Tod. Erst Ende der Dreißiger Jahre fällt ihm das wieder ein und er greift ins Bücherregal, um diese Stelle bei Schopenhauer nachzulesen und zu erkunden, ob sie ihn noch genau so ergreift nach diesen vierzig Jahren. An diesem Tag, wo er diese Stelle erstmals wieder nachschlägt, kommt per Post der Brief von Arthur Koestler, wo er erzählt und ihm schreibt, wie ihm diese Stelle im Roman „Buddenbrooks“ Kraft und Halt gegeben hat. Beide,

Koestler und Mann, sehen in diesem Zusammenreffen, in dieser Synchronizität, wie es in heutiger spiritueller Literatur heißt, auf gute, wirkende, fügende Kräfte in der jenseitigen Welt.

Erfahrungen sind wichtig. Erfahrungen des Heiligen. Offen sein für derlei Erfahrungen. Die große Sterbeforscherin Elisabeth Kübler-Ross hat es mal so ausgedrückt: Wer spirituelle Erfahrungen machen will, wird sie erleben.

Etwas davon spiegelt sich in den mittleren Zeilen des Psalms 121

5 Der HERR behütet dich; / der HERR ist dein Schatten über deiner rechten Hand,

6 daß dich des Tages die Sonne nicht steche / noch der Mond des Nachts.

Ja, das Leben sticht manchmal, aber irgendwie ging es dann doch immer gut. Irgendwie war da der Schatten einer schützenden Hand. Ich bin froh über diese Formulierung. Der HERR ist dein Schatten. Schatten ist bei uns häufig negativ konnotiert. Dieses oder jenes wirft einen Schatten auf eine Sache, eine Angelegenheit. Das bedeutet etwas schlechtes. Aber führen wir uns vor Augen, dieser Psalm ist im Nahen Osten entstanden und dort ist Schatten etwas durch und durch positives. Schutz vor Hitze und stechendem Licht. Und so ist es ja auch im Psalm gemeint. Irgendwie war da immer ein Schutz, ein Geleit.

Und ganz und gar überbordend voller Gottesnähegewißheit sind die abschließenden Verse des Psalms 121.

7 Der HERR behüte dich vor allem Übel, / er behüte deine Seele.

8 Der HERR behüte deinen Ausgang und Eingang / von nun an bis in Ewigkeit!

Das Übel in dieser Welt wird angesprochen. Trotz des Bösen ist da Halt und ist da überall Gott. Und erst Recht deine Seele, dein Innenleben, das wird alles bewahrt, wird auch der Körper alt und krank und gebrechlich, da ist dennoch Leben in dir, da ist in dir sogar das eigentliche Leben, da scheint in deiner Seele Gott hindurch. Und bei den Übergängen, ja selbst beim Eingang in dieses Erdenleben und beim Hinaustreten, da ist auch Gott, da ist auch Halt und dies immer und in Ewigkeit. Warum Ausgang und Eingang und nicht umgedreht. Wir gehen doch in diese Welt hinein und wieder hinaus. Ja, der Sänger von Psalm 121 kannte sich mit den tieferen geistigen

Wahrheiten sehr gut aus. Wir gehen aus dieser Erdenwelt heraus und in eine andere Daseinsweise ein, oder auch wieder hier hinein. Auf alle Fälle ist am Anfang unserer Erdentage das Göttliche mehr nur vom Hörensagen. Und dann machen wir Erfahrungen – wenn wir sie suchen, viele suchen sie nicht – dann machen wir Erfahrungen mit dem Heiligen, mit Göttlichen und mit diesen Erfahrungen und mit dem Schwächerwerden unseres Körpers wird Gott uns immer näher, ist das Heilige überall. Nochmals betont, wenn wir es suchen. Und das wußte auch Rainer Maria Rilke, er formuliert diese tiefen spirituellen Wahrheiten mit wundervollen Bildern. Deshalb zum Schluß alle beiden Strophen dieses Gedichts aus dem „Buch von der Pilgerschaft".

Bei Tag bist du das Hörensagen,
das flüsternd um die Vielen fließt;
die Stille nach dem Stundenschlagen,
welche sich langsam wieder schließt.

Jemehr der Tag mit immer schwächern
Gebärden sich nach Abend neigt,
jemehr bist du, mein Gott. Es steigt
dein Reich wie Rauch aus allen Dächern.

3. Sonntag nach Trinitatis 2014

8 Barmherzig und gnädig ist der HERR,
geduldig und von großer Güte.
10 Er handelt nicht mit uns nach unsern Sünden
und vergilt uns nicht nach unsrer Missetat.
11 Denn so hoch der Himmel über der Erde ist,
ist seine Gnade über denen, die ihn ehren.
(Psalm 103, 8.10-11)

Dschelaleddin Rumi (geboren 1207 in Balch, gestorben 1273 in Konya)

Sprach der Verstand: 'Die Richtungen, die sechs, sind Grenze, Ende!'
Die Liebe sprach: 'Nein! Wege gibt's, ich bin sie oft gegangen!'

ER läßt die Sünden der Verbrecher fallen wie Laub im Winter;
Die Bitte um Vergebung haucht ins Ohr ER den Übeltätern.

Sprach der Verstand: 'Die Richtungen, die sechs, sind Grenze, Ende!'
Die Liebe sprach: 'Nein! Wege gibt's, ich bin sie oft gegangen!'

Liebe Gemeinde,

die vier Himmelsrichtungen und dazu *Oben* und *Unten*, dies sind unsere Begrenzungen, diese sechs Richtungen. Wer mag dem widersprechen. Doch die Liebe sagt: Der Wege gibt's unendlich viele, ich bin sie alle gegangen.
Der Verstand begrenzt uns auf das *Hier und Jetzt* unseres Erdenlebens. Nicht so die Liebe, die Liebe erinnert uns an das vollkommene Heil, an unsere wahre Natur, die nicht hier im Vergänglichen ist, sondern im unvergänglich Göttlichen.

Sprach der Verstand: 'Die Richtungen, die sechs, sind Grenze, Ende!'
Die Liebe sprach: 'Nein! Wege gibt's, ich bin sie oft gegangen!'

Dieses kleine Gedicht stammt von Dschelaleddin Rumi, einem persischen Heiligen, der 1207 in Balch im heutigen Afghanistan geboren wurde und dann aber viele Jahre in Konya, in Anatolien, also in der heutigen Türkei gelebt und gewirkt hat. Er starb dort 1273.

Auch der Dichter des Psalms 103, des Psalms für diesen 3. Sonntag nach Trinitatis ist dieser göttlichen Liebe vertraut, dieser Liebe, die die unendliche Zahl der Wege zum Heil kennt.
8 Barmherzig und gnädig ist der HERR,
geduldig und von großer Güte.
10 Er handelt nicht mit uns nach unsern Sünden
und vergilt uns nicht nach unsrer Missetat.
11 Denn so hoch der Himmel über der Erde ist,
ist seine Gnade über denen, die ihn ehren.

Es sind nur drei Verse aus diesem langen Psalm, der überschäumend von der Barmherzigkeit Gottes redet. Und wenn einer so überschwenglich wird, dann hat das meist Ursachen in der eigenen Biographie. Am Psalmbeginn steht „Von David." Das kann so sein, kann aber auch eine Zuschreibung sein. Aber nehmen wir an, es ist von David, er hat wirklich Grund, die Barmherzigkeit und Gnade Gottes zu preisen. Er hat viel Böses in seinem Leben getan. Die Leidenschaft ging mit ihm durch. Zum Beispiel die Leidenschaft für schöne Frauen. Da sieht er vom Dache seines Palastes aus eine Frau in einem der umliegenden Höfe sich am Brunnen waschen. Auf der Stelle verliebt er sich und will sie haben. Er läßt Kunde einholen, wer diese Frau sei. Aha, Bathseba, die Frau des Uria. Uria ist Soldat in Davids Heer. David kungelt mit seinem Feldmarschall Joab und läßt Uria an eine Stelle im Kampf stellen, wo er garantiert erschlagen wird. Und so kommt es auch. Nun ist die schöne Bathseba frei und David nimmt sie sich zu seinen anderen Frauen. Durch den Hofpropheten Nathan wird er zur Rede gestellt und er bereut sein schlimmes Unrecht, immerhin so etwas wie Auftragsmord, ... und er erfährt Vergebung.

Das Umkehren im Herzen ist das wichtigste. Das Eingestehen sich selbst und den Betroffenen gegenüber. Darauf kommt es an. Sobald dieser Schritt geschieht, ist Vergebung gewährt. Viele denken, ich gehe zur Beichte und dann ist alles gut. Oder das Beichtgebet im Gottesdienst, das gibt Vergebung. Nein so ist es nicht. Nur die wirkliche Umkehr, die wirkliche Reue im Herzen und vor den Betroffenen führt zur Vergebung. Und dies aber auch sofort.

Es gibt einige Male in der Bibel die Aussage, daß Gott die Schuld der Väter den nachfolgenden Generationen bis ins vierte Glied anrechnet. Ich fand das immer ungerecht und es widerspricht auch dem, was in Psalm 103 steht. Und dem, was Dschelaleddin Rumi in seinem Gedicht schreibt. Nämlich daß die Liebe – und Liebe führt immer zu Einsicht und Umkehr – ... daß diese Liebe zum Heil führt, auf welchem Weg auch immer. Was damit gemeint ist – Anrechnung der Schuld bis ins dritte und vierte Glied – das habe ich erst später verstanden. Unaufgearbeitete Schuld, unter den Teppich gekehrtes Verbrechen setzt sich in Familien und Freunden fort. Ich will das an einem Beispiel deutlich machen. Eine Frau saß wegen Betrugs mehrere Jahre im Gefängnis. Ich hatte sie intensiv betreut. Dann wird sie entlassen. Sie kommt in echte Geldnot und bittet mich, ihr einen vierstelligen Betrag zu leihen. Ich dachte nach. *Das ist eine Betrügerin. Ja, aber soll das ihr nun ewig anhängen, sie hat schließlich ihre Strafe abgesessen? Und ich könnte diesen Betrag ihr geben, ich habe ihn und ich lebe alleine, habe keine Familie. Ihr es nicht zu leihen wäre herzlos.* So meine Überlegung. Ich leihe ihr den Betrag und wir machen einen Vertrag mit Rückzahlungsraten usw. Ziemlich bald bleiben die Raten aus. Die Frau meldet sich nicht. Irgendwann bekomme ich mit, sie ist umgezogen, ohne mir Bescheid zu sagen. Das ist deutlich betrügerisches Verhalten. Ich bekam ihre neue Adresse heraus und besuche sie dort. Sie gibt sich reuevoll und ich vereinbare mit ihr, daß wir jede Woche miteinander telefonieren und wir die Raten neu festsetzen. Sie ruft mich nicht wie abgesprochen an. Einmal ist eine ihrer Töchter am Telefon. Ich erkläre ihr alles und sage auch, daß das Verhalten ihrer Mutter das einer Betrügerin ist. „Nein, meine Mutter ist keine Betrügerin, Sie bekommen Ihr Geld zurück. Ich kümmere mich drum." Ich sage: „das müssen Sie nicht, Ihre Mutter hat sich das Geld geborgt und dann aus dem Staub gemacht." „Nein, nein, ich kümmere mich darum." Kurz und gut, nach kurzer Zeit merke ich, auch die Tochter hält nicht, was sie versprochen hat, auch sie geht nicht ans Telefon, wenn ich anrufe. Das Verhalten der Mutter hat sich auf die Tochter übertragen. Dieser Mechanismus steht hinter der Aussage: Die Schuld der Väter wird bis ins dritte, vierte Glied weiterwirken. Wenn die Tochter sagt, ich liebe meine Mutter, aber ich distanziere mich von ihrem Betrugsverhalten, wenn sie das sagen würde, anstatt die Tat ihrer Mutter zu vertuschen, dann wäre dieser Wirkmechanismus durchbrochen.

Gott ist barmherzig, Gott will nicht, daß Kinder für die Taten ihrer Vorfahren büßen. Wenn es anders wäre, würden wir alle in größtem Elend leiden wegen der großen Schuld unserer deutschen Vorfahren, die an den Polen und Russen, an den Juden und Kommunisten, an den Zigeunern und Homosexuellen begangen wurde.

Nein, Gottes Barmherzigkeit ist groß und unendlich, seine Gnade soweit die Himmel sind, wir müssen uns nur dieser Gnade, dieser Barmherzigkeit, dieser unendlichen Liebe zuwenden, dann ist Vergebung da, Freiheit und Heil, denn *seine Gnade ist über denen, die ihn ehren.*

Als ich neu in Glashütte war, war es nur eine Frage der Zeit, bis ich ins türkische Restaurant „Side“ ging, um mir einen Salat oder eine Pizza zu holen. Ich fragte den Mann, der mich bediente, wo er her kommt. Aus der Türkei, sagte er. Und wo genau. Ach, aus einer kleineren Stadt in Anatolien, aus Konya. Ich: Dort lebte doch Dschelaleddin Rumi! Da strahlte er mich an und wir sprachen noch ein wenig über diesen großen Heiligen und Mystiker, der in Konya gewirkt hat. Seither sind meine Portionen immer besonders groß … und mein Trinkgeld auch.
In Rumis Dichtungen ist immer wieder von Gottes unendlicher Liebe und Barmherzigkeit die Rede. Viele seiner wunderbaren Texte wurden schon im frühen 19. Jahrhundert aus dem Persischen ins Deutsche übersetzt und zwar von dem großen Sprachgelehrten Friedrich Rückert, der viele heilige Texte anderer großer Kulturen uns Deutschen so nahe brachte und bringt, also denen, die sich dafür interessieren.
Ich möchte mit einem weiteren kleinen Gedicht von Dschelaleddin Rumi enden:

ER läßt die Sünden der Verbrecher fallen wie Laub im Winter;
Die Bitte um Vergebung haucht ins Ohr ER den Übeltätern.

4. Sonntag nach Trinitatis 2011

15 Die Brüder Josefs aber fürchteten sich, als ihr Vater gestorben war, und sprachen:
Josef könnte uns gram sein und uns alle Bosheit vergelten, die wir an ihm getan
haben. 16 Darum ließen sie ihm sagen: Dein Vater befahl vor seinem Tode und
sprach: 17 So sollt ihr zu Josef sagen: Vergib doch deinen Brüdern die Missetat und
ihre Sünde, daß sie so übel an dir getan haben. Nun vergib doch diese Missetat uns,
den Dienern des Gottes deines Vaters! Aber Josef weinte, als sie solches zu ihm
sagten.
18 Und seine Brüder gingen hin und fielen vor ihm nieder und sprachen: Siehe, wir
sind deine Knechte. 19 Josef aber sprach zu ihnen: Fürchtet euch nicht! Stehe ich
denn an Gottes statt? 20 Ihr gedachtet es böse mit mir zu machen, aber Gott gedachte
es gut zu machen, um zu tun, was jetzt am Tage ist, nämlich am Leben zu erhalten ein
großes Volk. 21 So fürchtet euch nun nicht; ich will euch und eure Kinder versorgen.
Und er tröstete sie und redete freundlich mit ihnen.
(Genesis 50, 15-21)

Liebe Gemeinde,

1997 kam der Film „Festen“ – zu deutsch: „Das Fest“ – des dänischen Filmregisseurs Thomas Vinterberg in die Programmkinos, welcher hochgelobt wurde und 1998 den Spezialpreis der Jury von Cannes erhielt. Erzählt wird eine einfache Geschichte. Familienvater und Hotelier Helge feiert seinen 60. Geburtstag. Alle Familienmitglieder und Freunde reisen zu dem schönen Landhotel, um gemeinsam zu feiern. Man wollte feiern und auch endlich das traurige Ereignis des Selbstmordes einer der

Töchter dieser Familie hinter sich lassen. Und wie es so ist, der älteste Sohn, Christian, muß eine Eröffnungsrede halten. Christian und die verstorbene Schwester waren Zwillinge. Christian ist erfolgreich in Paris, hat dort schon zwei Bistros und das heißt etwas. Sein jüngerer Bruder lebt zum Leidwesen der Eltern ein lockeres und wenig solides Leben. Die jüngere Schwester von Christian studierte Ethnologie – Völkerkunde – und reist mit ihrem schwarzafrikanischen Freund an. Aber zurück zur Eröffnungsrede von Christian. Er steht auf und beginnt seine Rede, die den Titel hat „Wenn Vater baden ging". Humorvoll beginnt die Rede, die Zuhörer lachen, die Stimmung ist prächtig. Dann erzählte er weiter im selben lockeren Ton, daß, wenn Vater baden ging, auch er und seine Schwester mit ins Bad mußten. Dann verschloß Vater die Tür und dann mußten die Kinder sich auch ausziehen und sie wurden – und jetzt drücke ich mich etwas vorsichtiger als Christian aus – sie wurden mißbraucht.
Die jüngere Schwester fiel dem Bruder ins Wort und sagte, Christian sei überspannt, das meine er nicht so. Er wurde dann aus dem Saal entfernt und – als er wieder zurückkam – sogar gewaltsam. An diesem Abend wird dann auch der Abschiedsbrief der Schwester von Christian gefunden, in welcher sie ihr Leben aufgrund dieses Mißbrauchs als unerträglich benennt und dies als Grund für ihr Scheiden aus dem Leben nennt. Nach vielem Hin-und-Her – einige wollten spontan abreisen, aber der Koch hatte die Autoschlüssel versteckt – wird dann doch allen bewußt, daß es so gewesen sein muß. Mehr oder weniger stehen am kommenden Morgen alle hinter Christian. Und gerade der jüngere Bruder, der noch nie in seinem Leben etwas auf die Reihe gekriegt hat, zeigt während des Frühstücks Größe, indem er seinen Vater ruhig aber deutlich bittet, die Familie zu verlassen, was dieser auch tat. Ende des Films.
In vielen Familien gibt es dunkle Geheimnisse, oder eine Geschichte, die keiner laut ausspricht. So auch in Jakobs Familie. Seine Söhne hatten den Lieblingssohn des Jakob, den Joseph als Sklaven nach Ägypten verkauft und ihn ihrem Vater gegenüber als tot ausgegeben. Joseph ist dann in Ägypten durch wundersame Begebnisse reich und wohlhabend und ein bedeutender Staatsmann geworden. Nach vielen Jahren dann mußten sich die Brüder des Joseph wegen einer Hungersnot nach Ägypten begeben –

quasi als Bittsteller – und trafen dann dort Joseph in höchster Position wieder. Hören wir den Predigttext aus dem 1. Mosebuch, Kapitel 50:

15 Die Brüder Josefs aber fürchteten sich, als ihr Vater gestorben war, und sprachen: Josef könnte uns gram sein und uns alle Bosheit vergelten, die wir an ihm getan haben. 16 Darum ließen sie ihm sagen: Dein Vater befahl vor seinem Tode und sprach: 17 So sollt ihr zu Josef sagen: Vergib doch deinen Brüdern die Missetat und ihre Sünde, daß sie so übel an dir getan haben. Nun vergib doch diese Missetat uns, den Dienern des Gottes deines Vaters! Aber Josef weinte, als sie solches zu ihm sagten.

18 Und seine Brüder gingen hin und fielen vor ihm nieder und sprachen: Siehe, wir sind deine Knechte. 19 Josef aber sprach zu ihnen: Fürchtet euch nicht! Stehe ich denn an Gottes statt? 20 Ihr gedachtet es böse mit mir zu machen, aber Gott gedachte es gut zu machen, um zu tun, was jetzt am Tage ist, nämlich am Leben zu erhalten ein großes Volk. 21 So fürchtet euch nun nicht; ich will euch und eure Kinder versorgen. Und er tröstete sie und redete freundlich mit ihnen.

Diese Geschichte zeigt uns einiges. Fangen wir an.

Erstens: Verbrechen innerhalb einer Familie können nicht auf Dauer unter der Decke gehalten werden.

Hier ist es die Not, die die Brüder, ohne daß sie es wissen – wieder in die Gegenwart des weit weg geglaubten Bruders treibt. Ein großes Erschrecken. Und jetzt hat er Macht über sie. Große Angst.

In dem Film ist es der Suizid der Schwester, welcher Christian dazu bringt, dieses dunkle Geheimnis offenzulegen. Dazu gehört Mut und Kraft und Persönlichkeit. Beides zeigt Christian in seiner Rede, obwohl auch er immer unter dieser Demütigung des Mißbrauchs gelitten hat. Jungs, die immer stark sein sollen, verheimlichen viel häufiger oder viel länger als Mädchen so ein Mißbrauchsgeschehen.

Ein Zweites: Ein Opfer muß nicht Opfer bleiben. Gott schenkt Wege, die aus dem

Leid, aus der Verletzung und Demütigung herausführen. Joseph in unserer biblischen Geschichte wird durch die Gabe der Traumdeutung aus dem Sklavenstand erhoben und wird höchster Würdenträger Ägyptens. Durch diesen Verkauf als Sklave war Joseph weit weg von seiner Familie, von seinen Brüdern, die ihn so gedemütigt und verletzt haben. Diese Distanz mag ihm geholfen haben, einen neuen Weg zu gehen. Wie oft habe ich zu Gefangenen gesagt, die wegen Taten der Rache zu Straftätern geworden sind, wie oft habe ich gesagt, sie sollen den Kontakt zu ihrer Familie abbrechen. Nie wieder hingehen. Ich muß nicht an dem Ort bleiben, wo mir Leid geschah. Ich muß nicht bei den Leuten bleiben, mit ihnen auskommen, die mir Böses angetan haben. Ich darf weggehen, ich darf fliehen. Im Film ist Christian nach Paris gegangen. Weg vom Hotel des Vaters. Sicher hätten es die Eltern gerne gesehen, wenn sich ihr Ältester im Hotel engagiert hätte und so nach und nach als Juniorchef etabliert hätte. Nein, Christian brauchte Abstand, er ging nach Paris.

Und weiter: Rache bindet, Loslassen und Vergeben befreit.

Die Brüder sind nun in der Hand Josephs. Aber Joseph hat in seinem Herzen seine unheilvolle Vergangenheit, das Verletztsein und das Opfersein längst hinter sich gelassen. Und auch jetzt, wo seine Brüder in gedemütigter Situation vor ihm stehen, quasi in seine Hand gegeben sind, läßt er sich nicht zu Rachegelüsten hinreißen. Nein, er sagt einfach: Ihr habt Schlechtes an mir getan, Gott hat mir Gutes getan. Und er läßt sie reich beschenkt ziehen. Sie sind nicht nur beschenkt, sie sind auch beschämt. Sie werden sich ein Leben lang dessen schämen, was sie einst Joseph angetan haben. Aber Joseph hat den Neuanfang ergriffen.

Im Film „Das Fest" ist nicht einmal die Rede davon, den Vater anzuzeigen, vor Gericht zu bringen. Nein, Christian zieht das Dunkle ans Licht, er will keine Rache, keinen Knast für seinen Vater. Aber er will Offenheit und Wahrheit. Und das macht ihn frei. Vorher noch erkundigen sich die Eltern, ob er endlich eine Frau hat. Nein. Immer noch keine. Und das in seinem Alter von – sagen wir mal – dreißig oder so. Und erst nachdem das alles raus ist, am Frühstückstisch dann, als der Vater auch weg ist, fragt Christian eine junge und schöne Hotelmitarbeiterin, die in ihn verliebt ist, ob sie Lust habe, mit ihm nach Paris zu gehen, was diese sofort bejat. Und so endet der Film mit einem hellen Ausblick auf ein schönes gemeinsames Leben der beiden in Paris, ein schönes Leben in der Stadt der Liebe.

Es gibt ein Sprichwort: Jede Familie hat ein Geheimnis.

Alle glücklichen Familien sind einander ähnlich, jede unglückliche Familie ist unglücklich auf ihre Weise. Bei den Oblonskis ging es drunter und drüber.

So lautet der berühmte erste Satz in Leo Tolstois großem Roman „Anna Karenina". In diesem Roman werden ähnliche Mechanismen wie in der Josephsgeschichte, wie im Film „Das Fest" aufgezeigt. Ja, es gibt Unglück und Mißhandlung in Familien, es gibt Verbrechen und dunkle Dinge. Aber es gibt Wege heraus. Gott will nicht, daß ein Opfer Opfer bleibt. Offenheit und Loslassen sind hier die wichtigen Stichpunkte.

Und Offenheit hat etwas mit Wahrhaftigkeit zu tun. Also: die Dinge klar benennen. Und loslassen hat etwas mit Vergebung zu tun. Und das meine ich ganz einfach und gar nicht geistlich. Man muß sich dafür entscheiden, an den Täter nicht mehr zu denken. Keine inneren Vorwürfe, denn das ist ein inneres Zurückschauen. Sondern nach vorne schauen, nach vorne gehen. Dann öffnen sich neue Perspektiven, zeigen sich neue und gute Wege.

Und der Friede Gottes bewahre uns wenn man uns wehtut und führe uns auf eine neue, gute Bahn. Amen.

7. Sonntag nach Trinitatis 2011

30 Da sprachen sie zu ihm: Was tust du für ein Zeichen, damit wir sehen und dir
glauben? Was für ein Werk tust du? 31 Unsre Väter haben in der Wüste das Manna
gegessen, wie geschrieben steht (Psalm 78,24): »Er gab ihnen Brot vom Himmel zu
essen.« 32 Da sprach Jesus zu ihnen: Wahrlich, wahrlich, ich sage euch: Nicht Mose
hat euch das Brot vom Himmel gegeben, sondern mein Vater gibt euch das wahre
Brot vom Himmel. 33 Denn Gottes Brot ist das, das vom Himmel kommt und gibt
der Welt das Leben. 34 Da sprachen sie zu ihm: Herr, gib uns allezeit solches Brot.
35 Jesus aber sprach zu ihnen: Ich bin das Brot des Lebens. Wer zu mir kommt, den
wird nicht hungern; und wer an mich glaubt, den wird nimmermehr dürsten.
(Johannes 6, 30-35)

Liebe Gemeinde,

als ich 18 war, hatte ich einen Freund gleichen Alters, zu dem ich damals hinaufschaute, denn er war ein ungemein reifer und kluger junger Mann, wesentlich weiter als ich. Er ließ sich erst mit 15 oder 16 Jahren taufen. Ganz bewußt tat er diesen Schritt. Und er engagierte sich in der Kirchgemeinde bei einem Kindertreff für Straßenkinder in Dresden, vernachlässigte Jungs zumeist. Auch hatten wir einen Taizé-Gebetskreis, wo mein Freund oft mit dabei war. Dieser junge Mann war auf der EOS, ich war damals Schuhmacherlehrling. Er schrieb Gedichte, die von seinem tiefen Nachdenken Zeugnis gaben. Er wollte Bausoldat werden, er lehnte den Dienst mit der Waffe ab. Deswegen wurde er immer wieder in der Schule in Gesprächen gedrängt, doch Zeitsoldat zu werden. Er war auch in seiner Klasse und in der ganzen

Schule bei seinen Klassenkameraden ungemein beliebt. Und gerade deshalb wollte die Parteileitung der Schule oder der Stadt – und wohl auch die Stasi war involviert – daß er sich für einen dreijährigen Dienst mit der Waffe entscheidet, denn andernfalls würde das bei seiner Beliebtheit auf andere abfärben, und die würden dann auch den Dienst mit der Waffe ablehnen. Die Gespräche waren sehr hart. Eines Tages ist er nicht nach Hause gekommen. Die Polizei erschien am nächsten Morgen bei den Eltern, er habe sich das Leben genommen. Er war übrigens ihr einziges Kind. Und das war im November 1983. Die Beerdigung war riesengroß, hunderte Menschen, Schüler, viele aus unserer Gemeinde, denn da auch war der junge Mann bekannt und beliebt.

Ganz viele Menschen kümmerten sich in der folgenden Zeit um die Eltern, die natürlich fassungslos waren. Doch die Eltern hatten auch eine Ahnung, über die sie über 20 Jahre mit niemandem sprachen. Sie glaubten nicht der Version der Polizei. Nach der Wende forschten sie. Und tatsächlich, es stellte sich heraus, er wurde an diesem Tag damals vor fast 28 Jahren von staatlichen Kräften zusammengeschlagen und ist an den Folgen seiner Verletzungen gestorben. 2004 erst wußten die Eltern diese Tatsache definitiv und erst da redeten sie darüber. Sie wollten nicht ihren Sohn zum Märtyrer stilisieren. Von dem Kreis um diesen jungen Mann herum haben seine damalige Freundin und ich noch regelmäßigen Kontakt zu den Eltern und daß ich heute von dieser Geschichte erzähle – wenn auch anonymisiert – , ist mit ihnen abgesprochen.

Etwa zwei Monate nach diesem schrecklichen Ereignis hat die Mutter ein Traumerlebnis, in welchem sie ihrem Sohn ganz nahe ist und von ihm erfährt, es gehe ihm gut, er ist gut geborgen in einer anderen Welt. Bei aller Trauer ist dieses Traumerlebnis eine Kraftquelle und ein Halt bis heute. Sie sieht dies als ein Zeichen von Gott, ein Zeichen aus der anderen Welt. Keiner kann es beweisen. Und sie erzählt es auch nur wenigen, weil doch andere dann sagen, na ja, das ist eben ein Traum.

Mit dem Sterben ihres Sohnes ist den Eltern ein ganz schweres Schicksal auferlegt worden. Aber mit diesem Traum, ist der Mutter, den Eltern auch Kraft zugeflossen. In ihrer tiefen spirituellen Haltung haben sie daraus Kraft und Halt gewinnen können. Es ist ihnen ein Zeichen, das ihnen gegeben ist.

Um Zeichen geht es in unserem Predigttext. Es ist ein Text aus dem Johannesevangelium. Und entsprechend der Entstehungszeit und dem Umfeld, in dem das Johannesevangelium entstand, ein Text, der sehr geformt und verdichtet ist, also nicht auf den ersten Blick sich uns erschließt. Ich lese aus Johannes, Kapitel 6:

30 Da sprachen sie zu ihm: Was tust du für ein Zeichen, damit wir sehen und dir
glauben? Was für ein Werk tust du? 31 Unsre Väter haben in der Wüste das Manna
gegessen, wie geschrieben steht (Psalm 78,24): »Er gab ihnen Brot vom Himmel zu
essen.« 32 Da sprach Jesus zu ihnen: Wahrlich, wahrlich, ich sage euch: Nicht Mose
hat euch das Brot vom Himmel gegeben, sondern mein Vater gibt euch das wahre
Brot vom Himmel. 33 Denn Gottes Brot ist das, das vom Himmel kommt und gibt der
Welt das Leben. 34 Da sprachen sie zu ihm: Herr, gib uns allezeit solches Brot.
35 Jesus aber sprach zu ihnen: Ich bin das Brot des Lebens. Wer zu mir kommt, den
wird nicht hungern; und wer an mich glaubt, den wird nimmermehr dürsten.

Es gibt mehrere biblische Texte, in denen davon erzählt wird, wie die Zuhörer von Jesus Zeichen und Wunder fordern. Immer lehnt Jesus dieses Ansinnen ab. Einmal – das war Predigttext vor einigen Monaten – deutet Jesus den Heilungswunsch eines Kranken auch so, als wäre es nur der Wunsch nach einem Wunder. Aber aus Mitgefühl heraus heilt er dann doch den Mann.

Und auch hier bei Johannes weicht Jesus diesem Wunsch nach einem Zeichen aus. Und er deutet den Menschen das wunderbare Wirken des Mose in der Wüste als das barmherzige Handeln Gottes. Gott tat dies, weil den Israeliten in der Wüste hungerte und Gott sich ihrer erbarmte.

Wenn ich mich die Situationen hineinfühle, in denen Leute kommen und von Jesus ein Zeichen, ein Wunder fordern, kann ich das einerseits nachfühlen – wer möchte nicht gerne klare Beweise – dann aber habe ich auch den Eindruck, diese Leute wollen Jesus bloßstellen, ihn herausfordern. Sie wollen eigentlich nur den Beweis dafür, daß ihre Ablehnung Jesu richtig ist. Sie kommen mit dem vordergründigen Bestreben zu Jesus, ihn zu beschädigen, ihn zu diskreditieren.

Es sind häufig Schriftgelehrte und Pharisäer, die ein Zeichen fordern, oder Jesus anderweitig herausfordern. Z.B. mit der Frage, ob man dem Kaiser zu Rom die Steuer zahlen solle oder nicht. Im Johannesevangelium sind es immer pauschal „die Juden“, in den anderen Evangelien sind es die Pharisäer und Schriftgelehrten. In unserer Geschichte sind es die Menschen, die kurz zuvor die Speisung der Fünftausend erlebt haben. Es ist ein Erzählstrang im Johanneseveangelium, der beim normalen Essen beginnt und dann zu einem der „Ich-Bin-Worte“ führt und als Zielpunkt das Sakrament der Eucharistie zum Thema hat. „Wer mein Fleisch ißt und mein Blut trinkt, der hat das ewige Leben, und ich werde ihn am jüngsten Tage auferwecken.“ heißt es in Vers 54.

Anders ausgedrückt oder der Ideenlinie gefolgt, bedeutet dies: Das Wunder der Speisung der vielen am See von Tiberias ist nur ein kleines Wunder. Das eigentliche Wunder oder Zeichen ist der Tod Jesu (… und die Auferstehung) und wer dessen gedenkt im heiligen Abendmahl, der erfährt das Wunder der Heiligung, der erfährt das Mysterium der Verwandlung hin zum Ewigen. Das klingt sehr hochkirchlich oder katholisch. Und ich habe vorhin bewußt den Begriff Eucharistie verwendet, denn das katholische Abendmahlsverständnis gründet sich eben besonders auf diesen Text in Johannes Kapitel 6. Wenn man die anderen Evangelien liest, dann kann man getrost das Abendmahl auch als ein Gedenkmahl sehen, als ein Symbol. In dem Gott durchaus auch handeln kann, wie Gottes Geist überhaupt weht und wehen kann, wo er will. Kurz: die Forderung nach Zeichen und Wundern ist hier eingebettet in einen langen und tiefen Themenstrang über das Geheimnis des Todes Jesu und des Sakraments der Heiligen Eucharistie. Und dieses Thema blende ich mal aus, das ist einer weiteren Predigt vorbehalten. Ich bleibe mal bei dem Zeichenfordern der Menschen.

Ich habe vorhin von dem jungen Mann erzählt, der zu Tode kam, und von den Eltern und dem Traumerleben der Mutter. Diese ganze Begebenheit ist sehr eng mit meinem eigenen Leben verwoben. Bis heute. Es ist sehr heikel, in einer Predigt eigene Geschichten einzubringen. Ich habe es dennoch gemacht. Denn im Hinblick auf den allgemeinen Wunsch des Menschen, doch einen Beweis haben zu wollen, Zeichen und Wunder empfangen zu können, … im Hinblick darauf hat diese Begebenheit mir einiges klargemacht, was ich auch so in den biblischen Texten angedeutet finde. Gott läßt sich nicht dazu herab, sich uns zu beweisen. Gott läßt sich zu uns herab, wenn wir uns ihm vertrauend oder auch einfach offen und wahrhaftig suchend nähern. Denen begegnet er, die sich ihm nähern, die ihn suchen, … und die dies offenherzig und aufrichtig tun. Und Gott ist denen nahe, die ein schweres Schicksal zu tragen haben. Manchem Kranken schenkt Gott wundersame Heilung. Der Mutter des zu Tode geprügelten Sohnes ist ein Traum geschenkt, der ein Halt ist in all dem Unfaßbaren, in all dem Schweren, in dem großen Verlust. Komme was wolle – und in dieser Begebenheit ist wirklich Schweres und Unfaßbares geschehen – alles Schicksal, und also wir sind eingebettet in Gottes Heilshandeln.

Und darauf können wir vertrauen – sagt mir unser Predigttext – Gott wird uns nahe sein. Gott wird uns in besonderer Weise begegnen, wenn es dunkel wird in unserem Leben. Im finsteren Tal erfahren wir Stecken und Stab, Halt und Wegweisung, Gottes wärmende Hand, Gottes auf das Ewige weisende Hand.

Und der Friede Gottes wird uns begleiten ganz still oder auch ganz deutlich zeichenhaft auf unserem je eigenen Weg, komme was wolle. Amen.

9. Sonntag nachTrinitatis 2014

2 Ich harrte des HERRN, und er neigte sich zu mir und hörte mein Schreien.
3 Er zog mich aus der grausigen Grube.
(Psalm 40, 2-3)

Das ist der Grund, warum diejenigen, die im Läuterungsort sind, an großen Zweifeln leiden, ob sie da jemals herauskommen und ob ihre Leiden einmal aufhören. Wenn sie sich auch die drei gottgewirkten Tugenden – Glaube, Hoffnung und Liebe – als Haltung angeeignet haben, so läßt sie doch im Erleben von Schmerzen und der Entzug Gottes das augenblickliche Gut und den Trost dieser Tugenden nicht genießen. Obwohl sie bemerken, daß sie Gott sehr lieben, gibt ihnen das keinen Trost; sie meinen, daß Gott sie nicht liebt noch sie seiner Liebe würdig sind.
(Johannes vom Kreuz, Die dunkle Nacht)

Liebe Gemeinde,

dies sind Zeilen aus dem Werk „Die dunkle Nacht“ des spanischen Mönchs und Mystikers Johannes vom Kreuz, Juan de la Cruz. Er lebte von 1542 bis 1591. Johannes vom Kreuz gehörte zum Orden der Unbeschuhten Karmeliten. Der Orden der Karmeliten wurde um 1150 im Karmelgebirge im Palästina gegründet und dann wurde dieser Orden im 16. Jahrhundert von Teresa von Ávila reformiert und es spaltete sich der Orden der Unbeschuhten Karmeliten ab. Teresa von Ávila war 27 Jahre älter als Johannes vom Kreuz und hat ihn sehr geprägt, sie sind auch einander begegnet. In seinem Buch „Die dunkle Nacht“ thematisiert Juan de la Cruz ein Phänomen, welches viele Menschen kennen, die den inneren Weg zu Gott beschreiten, Menschen, die tief in ihrer Seele Gott suchen. Mönche und Nonnen habe sich für so einen Weg entschieden. Aber jeder Mensch kann diese spirituelle Seite in sich entdecken und so einen Weg gehen, aber nur sehr wenige gehen ihn. Und nahezu alle diese Menschen machen die Erfahrung einer Phase tiefer innerer Traurigkeit, schlimmster innerer Ausweglosigkeit. Johannes vom Kreuz macht diese Erfahrung ganz fundamental und sehr stark. Er gerät über lange Zeit in tiefste Zweifel, in schlimmste innere Orientierungslosigkeit, in dunkelste Nacht.

Menschen, die so eine dunkle Nacht durchmachen, erleben dies wie ein Sterben. Während unserer Rüstzeit in Rathen mit dem Thema „Propheten, Seher und Heiler“ haben wir uns auch mit den Heilern in den Naturvölkern beschäftigt, mit den Schamanen. In vielen dieser Kulturen gibt es eine Praxis, wo diese Erfahrung gesucht wird, dieses innere Sterben, weil dies Sterben eine Voraussetzung dafür ist, dann mit Hilfe jenseitiger göttlicher Kräfte in der Gemeinschaft heilend zu wirken.

Jesus machte so eine Erfahrung durch, als er im Garten Gethsemane betete und darum bat, daß der Kelch dieses Leids an ihm vorüberginge. Und Jesu dunkle Nacht endete erst mit der Auferstehung.

Auch David, der Hirtenjunge, der Harfenspieler und späterer König macht so eine Erfahrung innerster Not durch. Deshalb kann er nachher beten mit Worten, wie wir sie in diesem Wochenpsalm, dem Psalm 40 finden:

2 Ich harrte des HERRN, und er neigte sich zu mir und hörte mein Schreien.

3 Er zog mich aus der grausigen Grube.

Dunkle Nacht, oder *Grausige Grube*, alles Worte für diese schlimmste Ausweglosigkeit, tiefe Hoffnungslosigkeit in einer Phase der meisten Gottessucher.

Auch Jeremia schreibt darüber. In den Klageliedern des Jeremia heißt es:

Er hat mich geführt und gehen lassen in die Finsternis und nicht ins Licht. Er hat meinen Weg vermauert mit Quadern und meinen Pfad zum Irrweg gemacht. Gott hat sich mit einer Wolke verdeckt, daß kein Gebet hindurchkomme. (Klagel. 3, 2.9.44)

Dunkle Nacht, Grausige Grube, Vermauerter Weg, Irrweg. Drastische Bilder für schlimmstes seelisches Leid.

Warum diese schlimme Erfahrung?

Und da komme ich auf Johannes vom Kreuz zurück. Juan de la Cruz spricht vom Läuterungsort. Dieser Ort tiefster innrer Dunkelheit ist ein Ort der Reinigung. Und wie bei Jeremia – *Er hat mich geführt und gehen lassen in die Finsternis* – es ist ein Hineingeführtwerden … oder Hineingeführtwordensein. Menschen, die sich ganz tief in ihrer Seele auf den Weg zu Gott machen, werden auf diesem Weg in dieses dunkle Tal geführt. Es ist ein Läuterungsort, ein Reinigungsort. Wir sollen von der Verhaftung mit dem Nur-Irdischen gereinigt und befreit werden. Diese Verhaftung gaukelt uns auch vor, wir seien getrennt von den anderen Wesen des Universums überhaupt. Dieses eingeschränkte Bewußtsein ist nur für unsere Erdentage da und hat den Zweck, hier irgendwie zurechtzukommen und uns von anderen unterscheiden zu können. Aber dieses eingeschränkte Erdenbewußtsein läßt uns auch glauben, wir seien von Gott getrennt. Das klingt nun so nach Weltflucht und Abkehr von allem Irdischen. Das klingt nach Einsiedelei in der Wüste oder im Gebirge. Das ist aber nicht damit gemeint. Wir können neben unserem eingeschränkten Erdenbewußtsein, was sich fast nur auf unsere irdischen Zusammenhänge konzentriert, auch uns bewußt werden, wir sind mit Gott und allen Wesen auf eine andere, auf geistige Art verbunden. Wenn wir uns dessen bewußt werden, dann erfahren wir auch diese Verbindung zu Gott. Wir sind wie eine Welle im Meer, die Angst hat unterzugehen. Und jetzt widerspreche ich mir selbst scheinbar. Es ist doch eine Art Loslassen von unserem Erdenbewußtsein. Und das kann dann so traurig machen, kann so sein wie ein Sterben. Aber wieso haben wir, wenn wir wie eine Welle im Meer sind, Angst vor dem Untergehen, wenn doch das Meer Gott ist. Das ist übrigens ein Zitat von Meister Eckhart. Und tatsächlich ist es ein Sterben, was der Gottsuchende in dieser dunklen Nacht erfährt, es ist das Sterben der irrigen Annahme, wir seien nur irdische Wesen und Gott ist ganz weg.

Wenn aber diese dunkle Nacht, diese grausige Grube ein Läuterungsort ist, also ein

Lernort, wieso mußte Jesus durch diese dunkle Nacht am Garten Gethsemane und dann auf Golgatha? Jesus ist doch Gottes Sohn und also vollkommen. Der muß doch nichts mehr lernen. Aber im Hebräerbrief Kapitel 5 steht: *8 So hat Jesus, obwohl er Gottes Sohn war, doch an dem, was er litt, Gehorsam gelernt.* Wer etwas lernt, konnte es vorher nicht. Jesus ist auf dieser Erde genauso vollkommen und unvollkommen gewesen wie wir alle. Er mußte genauso lernen, von seiner Irdisch-Verhaftung abzulassen und ins Meer Gottes einzutauchen. Meister Eckhart formuliert es dann so: „… und es gebiert der Vater seinen Sohn in der Seele in derselben Weise, wie er ihn in der Ewigkeit gebiert, … er gebiert mich als seinen Sohn. Ich sage noch mehr: Er gebiert mich nicht allein als seinen Sohn; er gebiert mich als sich und sich als mich und mich als sein Sein und seine Natur.“

2 Ich harrte des HERRN, und er neigte sich zu mir und hörte mein Schreien.
3 Er zog mich aus der grausigen Grube.
So betet David in Psalm 40. Gott sei dank aus der Rückschau. Das Erlebnis in der grausigen Grube ist Vergangenheit. David hat wieder Licht und Freude. Gott hat ihn in die dunklen Nacht geführt und wieder aus dieser Nacht heraus.
Mutter Teresa hat Zeit ihres Erdenlebens in dieser dunklen Nacht verharren müssen. Als vor ein paar Jahren ihre Briefe an ihren Beichtvater veröffentlicht wurden, war man erstaunt über die tiefe Traurigkeit und Gottferne, unter der sie unsäglich gelitten hat, trotz Weltberühmtheit und Friedens-Nobel-Preis. Mutter Teresa wurde erst mit ihrem Sterben aus dieser grausigen Grube herausgeführt.
Johannes vom Kreuz schreibt ganz viel von der *dunklen Nacht.* Aber auch er weiß um das Ende dieser dunklen Nacht. Er schreibt später in seinem Buch „Von der dunklen Nacht“, und in der Rückschau benennt Juan de la Cruz die dunkle Nacht gar nicht mehr als dunkel:

Nun bleibt noch zu sagen, daß diese glückselige Nacht den Geist zwar verdunkelt, aber nur deshalb, um ihm bezüglich aller Dinge Licht zu spenden; sie macht ihn zwar demütig und erbarmungswürdig, aber doch nur, um ihn zu erheben und aufzurichten; und macht sie ihn arm und leer von jedem Besitz und jeder natürlichen Neigung, aber nur, damit er sich auf göttliche Weise ausweiten kann, ... denn nun eignet ihm in allem die umfassende Freiheit des Geistes.

15. Sonntag nach Trinitatis 2014

4b Es war zu der Zeit, da Gott der HERR Erde und Himmel machte.
5 Und alle die Sträucher auf dem Felde waren noch nicht auf Erden, und all das Kraut
auf dem Felde war noch nicht gewachsen; denn Gott der HERR hatte noch nicht
regnen lassen auf Erden, und kein Mensch war da, der das Land bebaute; 6 aber ein
Nebel stieg auf von der Erde und feuchtete alles Land. 7 Da machte Gott der HERR
den Menschen aus Erde vom Acker und blies ihm den Odem des Lebens in seine
Nase. Und so ward der Mensch ein lebendiges Wesen.
8 Und Gott der HERR pflanzte einen Garten in Eden gegen Osten hin und setzte den
Menschen hinein, den er gemacht hatte. 9 Und Gott der HERR ließ aufwachsen aus
der Erde allerlei Bäume, verlockend anzusehen und gut zu essen, und den Baum des
Lebens mitten im Garten (und den Baum der Erkenntnis des Guten und Bösen.)
15 Und Gott der HERR nahm den Menschen und setzte ihn in den Garten Eden, daß
er ihn bebaute und bewahrte.
(Genesis 2, 4b-9.15)

(Und er sprach zu mir:) „Betrachte die Erde!“ So schaute ich hinab und sah sie unten liegen wie einen Reifen voller Menschen und in der Mitte blühte der heilige Stab, der jetzt ein Baum war. / Und während ich dort stand, sah ich mehr, als ich sagen konnte. , und ich verstand mehr, als ich sah; denn ich schaute auf heilige Weise die Gestalten aller Dinge im Geiste, und die Gestalt aller Gestalten, wie sie zusammen leben müssen, gleich wie *ein* Wesen. Da sah ich, daß der heilige Ring meines Volkes einer von vielen Ringen war, die einen Kreis bildeten, weit wie Tageslicht und wie Sternenlicht. In der Mitte aber wuchs ein üppig blühender Baum zum Schutz all der Kinder einer Mutter und eines Vaters. Und ich erkannte all dies als heilig.
(Black Elk – Schwarzer Hirsch, Ich rufe mein Volk, München 1962, S. 28 und 37)

Und er sprach zu mir: „Betrachte die Erde!" So schaute ich hinab und sah sie unten liegen wie einen Reifen voller Menschen und in der Mitte blühte der heilige Stab, der jetzt ein Baum war.

Liebe Gemeinde,

ein Zitat aus einer großen Vision des Lakota-Indianers Black Elk (Schwarzer Hirsch), der 1863 geboren wurde und mit 9 Jahren diese innere Schau hatte, die er viele Jahre später niederschrieb. Diese Schau hatte er, während er sehr krank war und schon für tot gehalten wurde. Er gesundete sehr schnell danach und war fortan Medizinmann seines Stammes. Diese eben gelesene kurze Passage erzählt vom Frieden, vom Heil, dem das Sein auf dieser Erde zugedacht ist. Die Erde ist rund und voller Menschen und ein Schatten- und Früchtegebender Baum steht in der Mitte. Über dreißig Buchseiten lang erzählt Black Elk diese Vision, aus der wir dann noch ganz wichtige Zeilen hören werden.

Viele Völker und Kulturen haben Schöpfungsmythen, Legenden, bzw. heilige Texte, die vom Sinn dieser Erde erzählen. In unserer Bibel lesen wir gleich zwei solcher Schöpfungserzählungen. Die wesentlichen Passagen des zweiten Schöpfungsmythos sind uns heute zur Predigt gegeben. Ich lese noch einmal Verse aus dem 1. Buch Mose, Kapitel 2:

(4b) Es war zu der Zeit, da Gott der HERR Erde und Himmel machte.

5 Und alle die Sträucher auf dem Felde waren noch nicht auf Erden, und all das
Kraut auf dem Felde war noch nicht gewachsen; denn Gott der HERR hatte noch
nicht regnen lassen auf Erden, und kein Mensch war da, der das Land bebaute; 6
aber ein Nebel stieg auf von der Erde und feuchtete alles Land. 7 Da machte Gott der
HERR den Menschen aus Erde vom Acker und blies ihm den Odem des Lebens in
seine Nase. Und so ward der Mensch ein lebendiges Wesen.

8 Und Gott der HERR pflanzte einen Garten in Eden gegen Osten hin und setzte den
Menschen hinein, den er gemacht hatte. 9 Und Gott der HERR ließ aufwachsen aus

der Erde allerlei Bäume, verlockend anzusehen und gut zu essen, und den Baum des Lebens mitten im Garten ...
15 Und Gott der HERR nahm den Menschen und setzte ihn in den Garten Eden, daß er ihn bebaute und bewahrte.
Aufmerksame Bibelkenner werden gemerkt haben, daß in Vers 9 ein Stück heute fehlt. Da heißt es eigentlich: Und Gott der HERR ließ aufwachsen aus der Erde allerlei Bäume, verlockend anzusehen und gut zu essen, und den Baum des Lebens mitten im Garten und den Baum der Erkenntnis des Guten und Bösen. Der Baum der Erkenntnis des Guten und Bösen ist nämlich erst später hinzugekommen, als man die Erzählung zum Sündenfall hinzufügte. Also eine Erzählung, in der man darüber nachdachte, wie das Böse in diese Welt gekommen ist. Dieser Text ist heute uns nicht gegeben, dennoch wollen wir ihn dann am Rande bedenken.
Zunächst wird die Erde für das Leben vorbereitet. Für das Leben an sich, nicht nur für die Menschen. Die Pflanzen waren noch nicht gewachsen, denn es hatte noch nicht geregnet. Ja, das wissen die Wüstenbewohner ganz genau: Ohne Wasser kein Leben. Aber dann kommt der Nebel und feuchtet das Land. Es gibt tatsächlich Gegenden, wo es kaum regnet, aber die Luftfeuchtigkeit sorgt für üppiges Leben. Dazu gehört die Insel La Gomera, Teil des kanarischen Archipels. Ich war dort schon dreimal. Nachts kommen feuchte Winde vom Atlantik und der Lorbeerwald in den höheren Lagen läßt das Wasser kondensieren. Die Blätter der Vegetation kämmen das Wasser aus der Luft, lassen es zu Boden rinnen. Die Insel La Gomera hat für mich paradiesischen Charakter. Es ist dort immer mild, im Winter kaum kühler als 15°C und im Sommer nur selten wärmer als 25°C. Eine durch und durch grüne Insel. Ein Garten Eden. Wenn ich an Heil und an das gute Miteinander von Mensch und Natur denke, dann denke ich an La Gomera. Ich muß da mal wieder hin.
Doch jetzt hören wir genau hin, was über den Menschen erzählt wird.
Da machte Gott der HERR den Menschen aus Erde vom Acker und blies ihm den Odem des Lebens in seine Nase. Und so ward der Mensch ein lebendiges Wesen.
Der Mensch ist aus Erde, aus Materie irdischer Provenienz und aus dem Atem Gottes.

Der Mensch ist ein Kompositum, also eine Zusammensetzung, teilweise irdisch, teilweise göttlich. Und das haben die griechischen Gnostiker erkannt: Das Innerste von uns ist göttlich. Wir haben eine Seele von Gott und die ist göttlich und unsterblich und letztlich unantastbar. Der Mensch ist im Innersten, in seiner Seele göttlichen Ursprungs und göttlicher Natur. So auch die christlichen Mystiker, die deshalb von der Kirchenhierarchie bekämpft wurden. Nicht nur die christlichen Mystiker, auch die des Islams, die Sufis, auch die Gottessucher aller anderen Religionen. Deshalb verstehen sie sich alle so gut untereinander, weil sie wissen, es gibt nur eine Botschaft: Wir Menschen sind göttlichen Ursprungs und unser Weg kommt von Gott hin zu dieser Erde und geht dann wieder zu Gott.

Wozu aber dieser Erdenweg? Um die Seele zu Individuen, zu edlen Einzelwesen zu formen, zu veredeln, daraus dann eine wunderbare vielfältig bunte und farbige und vor allem fried- und liebevolle Gemeinschaft entstehen kann und soll. Das ist das Ziel dieses Erdenwegs. Uns zu formen und zu bilden hin zum Guten, hin zur Liebe. John Keats habe ich schon mal zitiert, aus seinem Brief von 1819, in dem er über den Sinn unserer Erdenlaufbahn nachsinnt und den Begriff des „Tals der Seelenformung" prägt, etwas weiter schreibt er:

(Die Erde ist) ... ein Ort, an dem das Herz fühlen und leiden muß auf tausenderlei Art? ... So verschiedenartig die Leben der Menschen sind, so verschiedenartig werden ihre Seelen, und so formt Gott individuelle Wesen, Seelen, Seelen mit Identität aus den Funken seines eigenen Seins. Dies erscheint mir die grobe Skizze eines Heilssystems, das unsere Vernunft und Menschenwürde nicht beleidigt." (John Keats, Werke und Briefe, Stuttgart 1995, S.381)

Große Worte, wunderbare Einsichten. Sinn und Ziel unseres Erdenlebens.

Auch Black Elk erfährt ähnliches in seiner Vision. Mit Elk ist nicht der Elch gemeint oder unser Rothirsch, sondern das nordamerikanische Wapiti. Black Elk – Schwarzer Hirsch war dann katholisch geworden, ohne seine indianische Religiosität zu verlassen, beides war und ist miteinander vereinbar, er starb 1950. *Kreis* und *Ring* sind wichtige Symbole im nordamerikanisch-indianischen Denken. Kreisförmig sind die Tipis angeordnet, die Indianerzelte, die Tipis selbst sind rund. In der Mitte der Baum und das Feuer. Kreis, Ring und Reif sind Zeichen der Ganzheit, Zeichen des Heils. Kreis und Ring auch ein Zeichen dafür, daß wir alle miteinander verbunden sind, nicht nur jeder Mensch mit jedem anderen Menschen, auch mit den Tieren, den Pflanzen und der nur scheinbar unbeseelten Stein- und Erzwelt, der Materie, sind wir verbunden und deswegen allem verpflichtet. Auch diese Erkenntnis wird Black Elk in dieser Vision mitgeteilt und mit Worten von Schwarzem Hirsch möchte ich schließen:

Und während ich dort stand, sah ich mehr, als ich sagen konnte, und ich verstand mehr, als ich sah; denn ich schaute auf heilige Weise die Gestalten aller Dinge im Geiste, und die Gestalt aller Gestalten, wie sie zusammen leben müssen, gleich wie ein Wesen. Da sah ich, daß der heilige Ring meines Volkes einer von vielen Ringen war, die einen Kreis bildeten, weit wie Tageslicht und wie Sternenlicht. In der Mitte aber wuchs ein üppig blühender Baum zum Schutz all der Kinder einer Mutter und eines Vaters. Und ich erkannte all dies als heilig.

16. Sonntag nach Trinitatis 2013

11 Und es begab sich danach, daß er in eine Stadt mit Namen Nain ging; und seine Jünger gingen mit ihm und eine große Menge. 12 Als er aber nahe an das Stadttor kam, siehe, da trug man einen Toten heraus, der der einzige Sohn seiner Mutter war, und sie war eine Witwe; und eine große Menge aus der Stadt ging mit ihr. 13 Und als sie der Herr sah, jammerte sie ihn und er sprach zu ihr: Weine nicht! 14 Und trat hinzu und berührte den Sarg, und die Träger blieben stehen. Und er sprach: Jüngling, ich sage dir, steh auf! 15 Und der Tote richtete sich auf und fing an zu reden, und Jesus gab ihn seiner Mutter.
16 Und Furcht ergriff sie alle, und sie priesen Gott und sprachen: Es ist ein großer Prophet unter uns aufgestanden, und: Gott hat sein Volk besucht.

Friedrich Hölderlin

Nah ist / und schwer zu fassen der Gott.
Wo aber Gefahr ist, wächst / das Rettende auch.
(Auszug aus „Patmos“)

Hälfte des Lebens

Mit gelben Birnen hänget
Und voll mit wilden Rosen
Das Land in den See,

Ihr holden Schwäne,
Und trunken von Küssen
Tunkt ihr das Haupt
Ins heilignüchterne Wasser.

Weh mir, wo nehm' ich, wenn
Es Winter ist, die Blumen, und wo
Den Sonnenschein,
Und Schatten der Erde?
Die Mauern stehn
Sprachlos und kalt, im Winde
Klirren die Fahnen.

Liebe Gemeinde,

Friedrich Hölderlin war schon über dreißig, als er eines seiner berühmtesten Gedichte schrieb, nämlich „Hälfte des Lebens". Und es fängt ganz schön und voll und farbenprächtig an. Er schreibt:
Mit gelben Birnen hänget / Und voll mit wilden Rosen / Das Land in den See,
Ihr holden Schwäne, / Und trunken von Küssen / Tunkt ihr das Haupt
Ins heilignüchterne Wasser.

Und doch war es die Zeit, in der es ihm schon nicht mehr so gut ging. Seine psychische Erkrankung mag sich schon um 1804 angekündigt haben, in diesem Jahr entstand diese Gedicht. Und wenn man dann die zweite Strophe liest, spürt man eine böse Ahnung, diese Strophe fängt an mit den Worten „Weh mir..."

Weh mir, wo nehm' ich, wenn / Es Winter ist, die Blumen, und wo
Den Sonnenschein,
Und Schatten der Erde? / Die Mauern stehn / Sprachlos und kalt, im Winde
Klirren die Fahnen.

Da gefriert einem das Blut beim Lesen, beim Hören. Und tatsächlich nur wenige Jahre nachdem Hölderlin diese Zeilen schrieb, wird er schwer krank. Im Zuge eines Hochverratsprozesses gerät auch Hölderlin ins Visier der württembergischen Richter und es gab die Vermutung, Hölderlin habe nur verrückt gespielt, um sich der Verfolgung zu entziehen. Heute weiß man, er war wirklich krank. Er wird am 11. September 1806 gewaltsam ins Universitätsklinikum Tübingen verbracht und dort viele Monate zwangsbehandelt mit martialischen Mitteln, die sicher sein Befinden verschlimmerten. Er wurde dann 1807 der Familie des Tübinger Tischlers und Hölderlinbewunderers Ernst Zimmer zur Pflege übergeben, und dort blieb er bis zu seinem Tode 1843, also 26 Jahre war er in diesem Haus, in dem er ein Turmzimmer bewohnte, welches man heute besichtigen kann.

Ein nach unseren Maßstäben trauriges Leben. Er hat in diesen Jahren im Turmzimmer auch Phasen des Schreibens, auch spielt er Klavier, aber viele seiner Texte aus dieser zweiten Lebenshälfte sind verbrannt worden, heißt es.

Warum gab es keine Hilfe für diesen außerordentlich begabten Mann? Wieso dieses triste Leben in diesem Haus? Wir wissen es nicht.

Ganz anders der Text unseres heutigen Predigttextes. Dort steht eine Frau vor dem Aus. Sie ist schon Witwe und jetzt stirbt auch noch ihr einziger Sohn. Hören wir den Predigttext aus dem Lukasevangelium, Kapitel 7:

11 Und es begab sich danach, daß Jesus in eine Stadt mit Namen Naïn ging; und
seine Jünger gingen mit ihm und eine große Menge. 12 Als er aber nahe an das
Stadttor kam, siehe, da trug man einen Toten heraus, der der einzige Sohn seiner
Mutter war, und sie war eine Witwe; und eine große Menge aus der Stadt ging mit
ihr. 13 Und als sie der Herr sah, jammerte sie ihn und er sprach zu ihr: Weine nicht!
14 Und trat hinzu und berührte den Sarg, und die Träger blieben stehen. Und er

sprach: Jüngling, ich sage dir, steh auf! 15 Und der Tote richtete sich auf und fing an zu reden, und Jesus gab ihn seiner Mutter. / 16 Und Furcht ergriff sie alle, und sie priesen Gott und sprachen: Es ist ein großer Prophet unter uns aufgestanden, und: Gott hat sein Volk besucht.

Eine wunderbare Wundergeschichte. Ein großes Wunder geschieht. Ein Toter wird wieder zum Leben erweckt.

Schauen wir uns die Geschichte genauer an.

Eine große Menge begleitet diesen Trauerzug. Offenbar war diese Frau eine sehr bekannte Frau. Vielleicht war ihr Mann eine wichtige Person in Naïn. Vielleicht hatte er ein wichtiges Amt inne. Und dann ist er gestorben. Und nun stirbt auch noch der einzige Sohn. Wenn diese große Menge nicht erwähnt würde, müßte man fürchten, die Frau gerät in bittere Armut. So aber, wenn sie in ihrer Trauer von einer großen Menge begleitet wird, scheint sie wohlhabend und bedeutend zu sein. Und Jesus kommt vorbei, sicher erzählt man ihm, um wen es sich handelt und welch schlimmes Schicksal diese Frau ereilt hat. Erst der Ehemann, jetzt der einzige Sohn. Und Jesus läßt sich von diesem Schmerz anrühren, denn es heißt: „Und als sie der Herr sah, jammerte sie ihn ..." Und aus dieser Regung heraus sagt er zu der Frau: „Weine nicht!" Und dann läßt er die Sargträger anhalten, sicher war der Sarg offen, das ist häufig bis heute so im Nahen Osten. Und er spricht den Toten an. „Jüngling, ich sage dir, steh auf!" Jüngling, wieder so ein Hinweis. Ein Jüngling ist jünger als 18 Jahre. Also hat diese Frau schon in relativ jungen Jahren ihren Mann verloren und jetzt den einzigen Sohn. Das ist tiefes Leid. Und das Wunder geschieht, der Tote richtet sich auf, er redet und Jesus weist ihn zurück zu seiner Mutter.

„Und Furcht ergriff sie alle ..." heißt es weiter. Wenn die normalen Regeln unserer Menschen- und Erdenwelt außer Kraft gesetzt werden, dann macht das Angst. Ein Toter ist tot. Alles andere ist recht gruselig. Und doch preisen sie Gott, heißt es weiter, denn bei allem Erschreckenden, was dieser Vorgang an sich hat, ist es ein ganz großes Wunder. Tote stehen auf. Lazarus, die Tochter des Jaïrus und der Jüngling zu

Naïn. Einige solche Geschehnisse, wo Tote wieder lebendig werden, erzählen die Evangelien.

Kann man so was glauben? Gibt es das tatsächlich? Das war auch die Frage in unserer letzten Bibelstunde in Bärenstein. Da haben wir eine Engelsgeschichte besprochen. Bleiben wir aber bei Heilungen oder gar bei dem Lebendigwerden von Toten. Von einem Heiligen in Indien wird so etwas erzählt, der im April 2011 gestorben ist, also in unseren Tagen gelebt und gewirkt hat. Er soll einen gerade Verstorbenen nochmal zum Leben erweckt haben. Ich kann diese Geschichte nicht nachprüfen, aber sie wird so erzählt. In einem Dokumentarfilm über Spontanheilungen wird ein Cellist vorgestellt, der einen Hirntumor hatte, der nicht operiert werden konnte. Mit Hilfe eines Psychologen entwickelte er in sich einen ganz starken Glauben daran, daß seine gesunden Zellen die kranken verdrängen werden. Und tatsächlich, der Tumor verschwand auf – in medizinischer Hinsicht – unerklärlichen Weise. Etliche solche unerklärlichen Heilungen werden vorgestellt. Und alle hatten damit zu tun, daß der Kranke etwas geträumt hat, ein Bild in seinem Herzen trug, was ihn oder sie an die Gesundung glauben ließ. Sie hatten einen Glauben.

Bei dieser Frau mit ihrem toten Sohn geschieht es einfach so. Nein, nicht einfach so. das Erbarmen Jesu ging diesem Wunder voran. Gottes Erbarmen. Rechnen wir noch mit Gottes Erbarmen in unserem persönlichen Leben?

Und was ist mit denen, die glauben und doch keine Hilfe bekommen? Das sind Fragen, auf die ich keine Antwort weiß. Ja, manchmal kann einer in seinem erlittenen Leid im Nachhinein einen Sinn erkennen.

Und warum mußte Hölderlin in diesem Turmzimmer 26 Jahre lang sein? Es gibt noch einen anderen Dichter, der war ebenfalls 26, ja, fast 27 Jahre lang … nicht in einer Pflegefamilie … aber in einer Anstalt. Robert Walser. Von Anfang 1929 bis zu seinem Tod am Weihnachtstag 1956 während eines Spazierganges ... war Robert Walser zuerst in einer Irrenanstalt in Waldau und dann in Herisau im Appenzeller Land. Als Dichter kannte er natürlich Hölderlin, der ihm ein großes Vorbild war. Er sagte mal über diese zweite Lebenshälfte von Hölderlin folgendes und er sagte dies, als er selbst schon 14 Jahre in der Anstalt war:

„Ich bin überzeugt, daß Hölderlin die letzten dreißig Jahre seines Lebens gar nicht so unglücklich war, wie es die Literaturprofessoren ausmalen. In einem bescheidenen Winkel dahinträumen zu können, ohne beständig Ansprüche erfüllen zu müssen, ist bestimmt kein Martyrium. Die Leute machen nur eines daraus."

Und tatsächlich, auch wenn ich nicht weiß, wie sich Hölderlin wirklich fühlte in seinem Turmzimmer, … etwas, was nach gewöhnlichen Maßstäben schlimm und wie ein Unglück wirkt, muß für den Betreffenden gar keines sein. Und andersherum. Man denkt, dem geht's aber gut, er hat alles, und doch ist dieser dabei totunglücklich. daß Hölderlin nicht ohne Hoffnung war, zeigt der Beginn seines großen Gedichts „Patmos", und damit möchte ich schließen, es gehört zu den wunderbarsten Worten, die er je in einem Gedicht geformt hat:

Nah ist / und schwer zu fassen der Gott.
Wo aber Gefahr ist, wächst
das Rettende auch.

16. Sonntag nach Trinitatis 2014

35 Werft euer Vertrauen nicht weg, welches eine große Belohnung hat.
36 Geduld aber habt ihr nötig, damit ihr den Willen Gottes tut und das Verheißene empfangt.
(Hebräer 10, 35-36)

Rainer Maria Rilke

Was wirst du tun, Gott, wenn ich sterbe?
Ich bin dein Krug (wenn ich zerscherbe?)
Ich bin dein Trank (wenn ich verderbe?)
Bin dein Gewand und dein Gewerbe, / mit mir verlierst du deinen Sinn.

Nach mir hast du kein Haus, darin / dich Worte, nah und warm, begrüßen.
Es fällt von deinen müden Füßen / die Samtsandale, die ich bin.

Dein großer Mantel läßt dich los. / Dein Blick, den ich mit meiner Wange
warm, wie mit einem Pfühl, empfange, / wird kommen, wird mich suchen, lange –
und legt beim Sonnenuntergange / sich fremden Steinen in den Schoß.

Was wirst du tun, Gott? Ich bin bange.

(Rainer Maria Rilke, Das Stundenbuch – Das Buch vom mönchischem Leben, 1899)

Was wirst du tun, Gott, wenn ich sterbe?
Ich bin dein Krug (wenn ich zerscherbe?) / Ich bin dein Trank (wenn ich verderbe?)
Bin dein Gewand und dein Gewerbe, / mit mir verlierst du deinen Sinn.

Liebe Gemeinde,

kann man so etwas sagen: Gott ist von meiner Existenz abhängig? Nach gängigem kirchlichen Denken ist das ungeheuerlich. Dies ist die erste Strophe eines Gedichts von Rainer Maria Rilke. Er schrieb es, da war er so um die zwanzig. Und es wurde 1899 veröffentlicht im Zyklus „Das Stundenbuch – Das Buch vom mönchischen Leben".

Was wirst du tun, Gott, wenn ich sterbe. ... Mit mir verlierst du deinen Sinn.

Wenn man tiefer in das Denken und Glauben von Rilke und anderen großen Glaubenden eindringt, wird man in diesen Worten eine tiefe Wahrheit finden, auf die ich gleich zu sprechen komme.

Uns ist heute ein Wort aus dem Hebräerbrief zum Nachdenken gegeben. Der Hebräerbrief ist im Griechischen einfach mit Πρὸς Ἑβραίους – „An die Hebräer" überschrieben. Das deutet darauf hin, er meint hebräische Christen, also Juden, die sich zur Christuslehre hingewendet haben. Die Entstehungszeit ist mit spätestens dem Jahr 96 anzugeben, denn im *Ersten Clemensbrief*, wird der Hebräerbrief ausführlich zitiert und der ist nachweislich im Jahr 96 geschrieben worden, der *Erste Clemens-brief*, ein frühchristliche Brief, der nicht in den Kanon der Bibel aufgenommen wurde, aber durchaus weithin im gottesdienstlichen Handeln der frühen Gemeinden Verwendung fand. Der Hebräerbrief mag aus Italien abgeschickt worden sein, das ist aber nicht sicher. Irgendwo in Gemeinden des Mittelmeerraumes ist geschrieben und dann an die Hebräer geschickt worden. Ich erzähle das deswegen, weil wir uns die Situation der Adressaten vor Augen führen müssen, um diesen Brief und auch den heutigen Abschnitt zu verstehen. Der Brief äußert die Sorge, die hebräischen Christen könnten in ihren alten jüdischen Glauben zurückfallen. Dahinter steht natürlich die

Ansicht: Nur der Glaube an Christus kann den Gläubigen zum Heil führen. Schon lange ist die offizielle christliche Theologie – katholisch wie auch evangelisch – von dieser Ansicht abgerückt, nein, auch Juden können mit ihrem Glaubensweg zum Heil finden und heute weiß man, auch alle anderen, dem Leben und allem Guten zugewandten Glaubenstraditionen und Religionen sind Wege hin zu Gott, Wege hin zum Heil. Aber hier im Hebräerbrief wird deutlich an das Festhalten am Glauben an Christus als den einzigen Erlöser gemahnt. Ich lese zwei Verse aus dem 10. Kapitel:

Werft euer Vertrauen nicht weg, welches eine große Belohnung hat. Geduld aber habt ihr nötig, damit ihr den Willen Gottes tut und das Verheißene empfangt.

Wenn dieses Wort in eine spezielle Situation von christlich Glaubenden vor knapp 2000 Jahren in einer bestimmten Region mit einer bestimmten Glaubenstradition gesprochen wird, wie kann dieses Wort dann für uns wichtig sein? Ganz einfach: Es enthält tiefe und allgemeingültige Wahrheiten.

Und ich möchte dazu drei Worte aus dieser Bibelstelle hervorheben, herausheben:

Vertrauen – Geduld – Verheißung

Wir sind hier während unserer Erdentage in einer Situation, da wir Gottes Gegenwart nicht immer direkt wahrnehmen. Dazu sind wir stets Gefährdungen ausgesetzt, die unsere irdische Existenz behindern oder gar bedrohen. Das war damals ganz existentiell gefährlich für die jungen Christusanhänger. Überall im Römischen Reich wurden sie verfolgt und teilweise sogar hingerichtet. Die alten traditionellen Religionen – beispielsweise das Judentum – wurden toleriert. Aber dieser junge Christuskult wurde als Bedrohung angesehen und verfolgt. Im Vergleich zu den ersten Lesern des Hebräerbriefes sind wir weit weniger irgendwelchen Gefährdungen ausgesetzt. Und doch, eine schlimme Diagnose kann uns umhauen und den Boden unter den Füßen wegziehen. Menschen in Europa haben angesichts der russischen Aggression gegen die Ukraine Angst vor einem sich ausweitenden Krieg. Und diese Angst ist nicht ganz unbegründet. Sollte Rußland das Baltikum angreifen, wäre der Nato-Verteidigungsfall ausgelöst, die gesamte Nato stünde mit Rußland im Krieg. Anders und zusammenfassend ausgedrückt: die Irdische Seite unserer Existenz bietet

uns keinerlei Sicherheit. Vertrauen in Gott ist wichtig, um inneren Halt zu haben. Das Wissen, Gott steht zu uns, zieht uns zu sich, komme was wolle. Und weil wir Gottes Dasein nicht immer so spüren, ist Vertrauen und das Festhalten am Gottvertrauen wichtig, das nennt man Geduld. Geduldig Gott vertrauen läßt uns die Verheißung empfangen. Die Verheißung ist die bleibende Verbindung mit Gott, Heil in Gott.
Wenn wir Vertrauen zu Gott haben, dann hat die Angst keinen Platz mehr. Viele Menschen, die in ganz schlimme Situationen gerieten, haben das erfahren. Ich denke an Heinrich von Lehndorff, der aus seinem masurischen Gut in Steinort am Mauersee den Anschlag auf Hitler mit organisierte und dann zum Tod verurteilt wird. Sein erster Brief ist geprägt von der Sehnsucht nach Masuren, Sehnsucht nach Freiheit. Wenige Wochen später ist der letzte Brief an seine Frau kurz vor seiner Hinrichtung ein Zeugnis von Stärke und unerschütterlichem Gottvertrauen. Er wußte, es war alles richtig so und es war Gottes Weg für ihn und der führt nun ins Heil. Man könnte ähnliche Zeugnisse anführen beispielsweise von Helmuth James Graf von Moltke, Sophie Scholl und anderen. Im August hatte ich den christlichen Mystiker Johannes vom Kreuz zitiert, der als Mönch so eine lange Phase der inneren Aussichtslosigkeit und Dunkelheit durchleben mußte, mit Vertrauen und Geduld ist er durch *die dunkle Nacht*, so seine eigene Formulierung, hin zum Licht durchgedrungen, hat die Verheißung bleibender Gottnähe erfahren und auch darüber geschrieben.
Ich weiß nicht, wie der Brief von den jungen hebräischen Gemeinden aufgenommen wurde. Ich hoffe, er gab ihnen Kraft und Zuversicht. Ich hoffe, sie fanden bei aller Bedrohung zu einem festen Gottvertrauen und zur Geduld, beides führt hin zur Erfahrung bleibender Gottesverbundenheit.

Was wirst du tun, Gott, wenn ich sterbe?
Ich bin dein Krug (wenn ich zerscherbe?) / Ich bin dein Trank (wenn ich verderbe?)
Bin dein Gewand und dein Gewerbe, / mit mir verlierst du deinen Sinn.

Rätselhafte Worte von Rainer Maria Rilke. Rilke kannte sich aus in der Literatur großer Glaubender, er selbst ging so einen inneren Weg mit Gott ... hin zu Gott. Er wußte, was alle großen Glaubenden wissen: Wenn Gott das Universum, also das Leben, aus nichts und also aus sich selbst geschaffen hat, dann sind wir vom Wesen her ... im Innersten göttlicher Natur. Der Odem, den Gott den Menschen einblies, ist göttliches Leben aus ihm selbst. Wie können wir also je sterben, wenn wir im Innersten mit unserer Seele mit Gott verbunden sind, ... ja, wenn Gott selbst in uns atmet?
Jetzt stirbt alles in der Natur. Die Bäume verlieren ihre Blätter. Bald scheinen sie tot zu sein. Doch sie leben im Innersten weiter und – wir wissen es alle – im Frühjahr bricht wieder das Grün aus. Das ist ein Bild für uns. Wir können in der Natur lesen, auch wir bleiben lebendig, wenn das Äußere alt wird und gebrechlich und dann stirbt.

Im Gedicht von Rainer Maria Rilke steckt ein großer Trost: Ein wirkliches Sterben gibt es nicht, weil wir untrennbar mit Gott verbunden sind. Laßt uns dies mit Geduld und Vertrauen glauben, denn uns wird die Verheißung des Heils zuteil. Amen.

20. Sonntag nach Trinitatis 2012

Das sage ich aber, liebe Brüder: Die Zeit ist kurz. Fortan sollen auch die, die Frauen
haben, sein, als hätten sie keine; und die weinen, als weinten sie nicht; 30 und die
sich freuen, als freuten sie sich nicht; und die kaufen, als behielten sie es nicht; 31
und die diese Welt gebrauchen, als brauchten sie sie nicht. Denn das Wesen dieser
Welt vergeht.
(1. Korinther 7, 29-31)

Liebe Gemeinde,

im 17. Jahrhundert lebte einer der größten Denker und Wissenschaftler, Erfinder, kurz: ein Universalgelehrter in Europa und der Welt: Blaise Pascal. Er war Mathematiker und er erfand eine Rechenmaschine, die Pascaline aus dem Jahre 1652, er schrieb eine Abhandlung über den Luftdruck, aber er interessierte sich auch für die Belletristik seiner Zeit, Gedichte und für das Theater. Als ich etwa 16 Jahre alt war, kaufte ich mir seine Pensées – auf deutsch: „Gedanken“ – in der Reclamausgabe. Philosophische Gedanken und Beobachtungen. Und darin kann man auch sein Ringen um den Glauben nachverfolgen. Er ist ganz Wissenschaftler und schaut die Größe des Universums, er ist natürlich auch astronomisch bewandert, und ist angesichts der Weite der Räume und der dagegen von ihm nicht erlebbaren, oder fühlbaren Nähe Gottes verzweifelt. Er spürt Gott nicht und erlebt sein Sein zunehmend in aussichtsloser Verlorenheit. Seine Verzweiflung gipfelt in dem aus diesem Werk viel zitierten Satz: „Das ewige Schweigen dieser unendlichen Räume macht mich schaudern.“

Ja, sagt die Kirche immer, heute und auch damals, man muß eben glauben. Das was man fühlt, ist nicht wichtig. Das genügte aber dem genialen Denker Blaise Pascal nicht. Er fragte sich auch, warum, wenn es denn Gott gibt, ist er so fern? Ist er so grausam, uns in die Verzweiflung zu stürzen? Wenn ein Mensch nicht zum Glauben findet, dann folgen doch – wenn er sich wirklich um seine Existenz kümmert und nicht gedankenlos daherlebt, wie viele – wenn er also wirklich einen Sinn seiner Existenz sucht, dann muß ein glaubensloser Mensch verzweifeln. Und aus dem Gefühl der Nichtigkeit folgen Elend und Langeweile und ein Zerbrechen an den Gegensätzen und Widerspüchen. Und um dies zu überleben für die Zeit des Lebens, muß man sich zerstreuen. Doch wer sich ablenken läßt von den wirklich wichtigen Sinnfragen unserer Existenz, der ist dumm und ein erst recht langweiliger Mensch. Und so findet Blaise Pascal doch immer wieder zu einer Sinnhaftigkeit des Glaubens, aber er ringt viele Jahre darum. Immer wieder ist er am Rande der Verzweiflung. Der schauderhafte Satz ist ausgesprochen und aufgeschrieben: „Das ewige Schweigen dieser unendlichen Räume macht mich schaudern."
Die Kirche sagte und sagt heute, man muß glauben, auch wenn man Gott nicht fühlt oder erlebt. Und es ist die Erfahrung der meisten Menschen heute und in unserer westlichen Welt, daß Gott fern ist, daß Gott nicht erfahren wird. Und Menschen, die die Nähe Gottes und seine Kräfte suchen, werden oftmals als Scharlatane abgetan. Ich habe schon mehrfach den schlesischen Mystiker Jacob Böhme erwähnt – ein Zeitgenosse Blaise Pascals übrigens – der wegen seiner Visionen und Gottesschauerlebnisse von der Kirche abgelehnt und denunziert, ja sogar mal ins Gefängnis geworfen wurde. Zeitlebens wurde er schikaniert. Oder der von mir ebenfalls erwähnte Paracelsus, auch er wurde immer wieder verfolgt, er mußte mehrfach in seinem Leben fliehen und wanderte so kreuz und quer durch Europa. Nur seine Klugheit bewahrte ihn vor den Scheiterhaufen der Kirche. Und gegen den großen Erfurter Mystiker Meister Eckhart lief ein Verfahren der Inquisition, aber er starb – Gott sei Dank – vor Ende dieses Verfahrens, welches ihn mit großer Sicherheit auf dem Scheiterhaufen geführt hätte. Jeanne d'Arc, die mit göttlichen Kräften begabte

Freiheitskämpferin, ist verbrannt worden, heute ist sie eine Heilige.

Das Sehnen der Menschen nach Gotteserfahrung ist immer unterdrückt worden. Und bis heute ist es so, auch wenn es keine Scheiterhaufen mehr gibt. Menschen mit Erfahrungen des Jenseitigen oder Heiligen werden belächelt und also in die Bedeutungslosigkeit geschoben und bekämpft.

Das Suchen der Erfahrung des Heiligen, das Streben nach Gottesschau gilt auch heute noch als lächerlich, oder auch als arrogant: *der will wohl was Besseres sein.*

Und jetzt komme ich zum Predigttext, der nämlich genau dieses Dilemma nach sich ziehen kann, in welchem Blaise Pascal lebte. Paulus schreibt im 1. Korintherbrief Kap. 7:

Das sage ich aber, liebe Brüder: Die Zeit ist kurz. Fortan sollen auch die, die Frauen haben, sein, als hätten sie keine; und die weinen, als weinten sie nicht; 30 und die sich freuen, als freuten sie sich nicht; und die kaufen, als behielten sie es nicht; 31 und die diese Welt gebrauchen, als brauchten sie sie nicht. Denn das Wesen dieser Welt vergeht. (1. Korinther 7, 29-31)

Wie soll man glauben, wenn wir doch – zumindest geht es den meisten so – nichts vom Göttlichen erleben?

Schon Paracelsus hat gesagt, wegen des Unglaubens der Menschen gibt heute so wenig zu erleben.

Durch ein vermeintlich wissenschaftliches Weltbild, was aber ganz unwissenschaftlich die Erforschung außersinnlicher Phänomene als lächerlich abtut, deswegen denken wir Menschen auch eingeschränkt und halten das Eingreifen Gottes in unsere Welt mit Raum und Zeit nicht mehr für möglich, oder das Wirken von wunderbaren göttlichen Kräften hier bei uns, das gibt es eben nicht.

Paulus möchte die Menschen auf den Geschmack bringen für die Sphäre des Göttlichen. Er möchte ihnen sagen: das ist nicht alles, hier, konzentriert euch auf Gott und auf die Göttliche Welt.

Doch Menschen, die dieses Streben wirklich hatten und deshalb zur Erfahrung des Göttlichen kamen, z.B. Heilkräfte besaßen oder auch prophetische Gaben, diese

Menschen wurden dämonisiert. Das ist alles vom Teufel, sagte die Kirche und diese Menschen wurden verfolgt oder gar umgebracht.

Aber der Wunsch nach Gotteserfahrung, nach Begegnungen mit dem Heiligen ist legitim. Das hatten viele Menschen der Bibel auch. Wir dürfen Gott um sein Nahesein, um sein Eingreifen, um sein Wirken in unserer Welt bitten. Und wir dürfen es glaubend erwarten. „Dein Glaube hat dir geholfen." Diesen Satz spricht Jesus ganz oft zu Menschen, die um Heilung baten und Heilung erfuhren. „wer bittet, der empfängt; wer da sucht, der findet; wer anklopft, dem wird aufgetan." Bergpredigt. Es ist also die glaubende Erwartung, auf die es ankommt. Und in der sollten wir einander bestärken. Und wir sollten uns nie einreden lassen, daß uns dies nicht zustehe. Nein, Gott liebt die, die sich nach ihm sehnen, die seine Nähe suchen, die sein Wirken erwarten. Und wir müssen nur unsere Sinne und unser Herz öffnen, dann erfahren wir die Nähe Gottes.

Ein Wissenschaftler, der sich mit Blaise Pascal beschäftigt hat, schreibt über ihn folgendes:

„Es geht ihm (Blaise Pascal) vor allen Dingen um einen Glauben des Herzens und das heißt, der Erfahrung, nicht um einen Reflexionsglauben, ein intellektuelles Verhältnis zu Gott allein. Glaube wäre dann authentisch, wenn der Mensch dieses Abenteuer der Gottesliebe wagen würde, also, ein existentielles Verhältnis zu Gott finden würde und kein intellektuelles."

Wenn wir die Pensées – die „Gedanken" so der Titel seines tagebuchartigen Werks – lesen, erfahren wir ganz viel über das Leiden Pascals an der Gottesferne, an dem Nichts-von-Gott-spüren. Mußte er mit diesem Leiden, mit dieser Verzweiflung sterben?

Als er gestorben war, fand man ein in den Saum seines Gewandes eingenähtes Schriftstück, ein „Mémorial", also eine Erinnerung, ein Gedenken.

„23. November 1654 nachts halb elf bis etwa halb eins" heißt es da … und dann folgt ein Bericht in stotternder, aufgeregter Form über ein wunderbares Erleben der Nähe Gottes, welches ihm geschieht und ihn fortan in fester Gewißheit und tiefer Freude leben läßt. Er wußte in den letzten acht Jahren seines Lebens, Gott ist da und er selbst – Blaise Pascal – ist geborgen und gehalten. Er hat Gottes Nähe erlebt. Sein Ringen, sein Suchen, sein Glaube haben ihm geholfen. Das vergehende Wesen dieser Welt und die unendlichen Räume machten ihn fortan nicht mehr schaudern.

Ja, wer sucht, wird finden. Wer glaubt, dem kommt Gott entgegen.

Und der Friede Gottes wecke uns auf zu einer immerwährenden Gottesuche. Amen.

Hubertusmesse 2005

Liebe Jagdfreunde, liebe Gemeinde,

es ist Herbst, die Ernte ist eingeholt, der Wein in der Kelter, es ist Jagdzeit. Die Natur bereitet sich auf die Winterkälte vor, das Leben wird ruhiger und langsamer. Beizeiten hängt sich der Nebel in die Senken und dann und wann schreit die Krähe ihren rauhen Schrei. Und jetzt werde ich ganz persönlich: der Herbst war von jeher meine Lieblingsjahreszeit. Auch weil die feuchte Kühle, die Dämmerungszeiten und eine fahle Frühwintersonne uns zu innerer Tiefe und Nachdenklichkeit hinleiten. Und Grund zur Nachdenklichkeit haben wir Christen oder wir als in einer christlich geprägten Gesellschaft Beheimateten. Denn wenn wir uns auf der Welt umschauen, werden wir feststellen, daß dort, wo das Christentum herrschte, die Natur am meisten gelitten hat, die Umwelt am stärksten belastet ist. In keiner anderen Kultur ist die Entfremdung zwischen Mensch und Natur so groß. Schuld daran ist vielleicht das unbescheidene Reden vom Menschen als der Krone der Schöpfung. Doch - Gott sei Dank - gibt es da ein langsames, wenngleich in seiner Intensität auch völlig unzureichendes Umdenken. Und dazu kann unser Bibeltext beitragen. Ich habe eine kurze Stelle aus der zweiten Schöpfungserzählung des ersten Mosebuches gewählt, die davon erzählt, daß Gott die Menschen mit der Benennung der Tiere beauftragt. Und damit überträgt er ihm Verantwortung. Wie die Eltern, die ihrem Kind einen Namen geben und damit auch die Verantwortung und die Sorge für das kleine Kind übernehmen. Wenn ein Kind zur Adoption freigegeben wird, dann haben die Adoptiveltern das Recht der Namensverleihung. Der Mensch hat die Natur erforscht, hat sie in seine Erkenntnissysteme eingefügt und benannt. Es gibt Pflanzen und Tiere. Es gibt Wirbeltiere und Wirbellose, es gibt Fische, Reptilien und Säugetiere, Wild- und Haustiere. Und alle, die sich beruflich oder in ihrer Freizeit mit dem Leben der Schöpfung beschäftigen, tragen Verantwortung. So auch die Jäger und Jägerinnen. Ist es nicht gerade das Rituelle der Jagd, der Tann und das Blut, das Legen der Strecke, was an die Heiligkeit des Lebens erinnert und mahnt? Jedes Töten ist ein Eingreifen in die Schöpfungsordnung und wir können nicht leben, ohne zu töten. Deshalb haben die Jäger eine besondere Verantwortung in unserer Gesellschaft. Und damit meine ich nicht nur das heikle Thema der Wiedereinbürgerung des Wolfes und ich nehme an, wir sind uns in der Bewertung des traurigen Vorfalls in der Lausitz einig, sondern überhaupt im Bewußtsein der Menschen. Menschen der Jagd sind besondere Menschen, es sind Menschen, die noch etwas wissen - oder vielmehr: *fühlen* von der Heiligkeit des Lebens. Wer keine Rührung mehr spürt, wenn er in das gebrochene Auge eines gerade geschossenen Rehs schaut, sollte nie wieder durch ein Zielfernrohr schauen, er ist der Teilhabe am uralten Geheimnis der Jagd nicht würdig, er ist der Heiligkeit der Jagd nicht würdig. Wenn wir nicht mehr nach Albert Schweitzers Ethik von der "Ehrfurcht vor dem Leben" unsere Maßstäbe, unser Leben ausrichten, dann sind wir Menschen die größte Naturgefährdung. Schweitzer hat es mal so ausgedrückt: *„Ich bin Leben, das leben will, inmitten von Leben, das leben will."* So sind wir gehalten und es ist uns so aufgetragen, daß die Jagd immer und stets als ein Geschehen zur Bewahrung der Schöpfung zu gelten hat. Als ein Hegen und Erhalten. Nie aber als ein Geschehen, daß sich aus Lust am Töten speist. Und so gesehen sind Sie vielleicht gar nicht die richtige Zielgruppe für diese Predigt, denn die eigentlichen Sünden am Tier, am Leben geschehen eher in der Massentierhaltung, in qualvollen Transporten quer durch Europa, in einer nicht artgerechten Haltung der Nutztiere, deren Produkte wir täglich gedankenlos im Supermarkt kaufen können. Aber wer, wenn nicht wir alle hier wissen um die Heiligkeit des Lebens.

Zurück zu unserem Text, der ja ein Schöpfungsmythos ist. Ein Text also, in den jahrtausendealtes Ahnen und Wissen um Gott und das Geheimnis des Lebens eingeflossen sind. Ein Text, der den Schöpfer, die Quelle des Lebens preist. Gott, so wird erzählt, brachte die Tiere zu dem Menschen, daß er sähe, wie er sie nenne. Dem Menschen ist damit auch Gestaltungskompetenz übertragen und verliehen worden. Und der Mensch hat ja nicht nur Unheil angerichtet. Wenn wir durch das schöne

Osterzgebirge wandern, genießen wir eine der reizvollsten Kulturlandschaften unseres Landes. Der liebliche Wechsel von Feld und Wald, Wegen und Rainen ist das Ergebnis jahrhundertelangen Wirkens der Menschen hier. Und so bin ich selbst immer wieder bemüht, das schlechte Image der Jagd gerade unter ökologisch orientierten Menschen geradezurücken. Ich selbst war daran interessiert, daß der neu aufgeforstete Hektar Wald im Bereich meiner ersten Kirchgemeinde unweit von hier nicht durch zuviel Rehverbiß gefährdet wird und die Jäger unserer Dörfer haben sich mit darum gekümmert. Oder ich denke an die Schäden in der Landwirtschaft durch teilweise zu zahlreiches Schwarzwild. Alle, die in dieser Landschaft arbeiten und wirken haben den Auftrag, den geradezu göttlichen Auftrag zur Bewahrung dieser Kulturlandschaft, die zu gestalten und erhalten nur unsere Aufgabe sein kann. Wer soll es denn sonnst tun? Und die Jagd ist da ein wesentlicher Teil.
Sie kennen alle die Hubertuslegende. Da erscheint ein Hirsch mit einem leuchtenden Kreuz zwischen dem Geweih und mahnt den später zum Heiligen ernannten Hubertus zu einem gottgefälligen und gottesfürchtigen Leben. Im Wald soll dies geschehen sein. Der Wald, das ist der Ort, wo das Unheimliche wohnt. Im Wald begegnen sich Schreckliches und Heiliges. Der Wald wirft den Menschen zurück auf die wirklichen Fragen des Lebens, auf Existentielles. Der Wald weckt Fragen nach Leben und Tod, nach dem Woher und Wohin, Fragen nach dem Werden und Vergehen. Und dann und wann gibt er Antwort, oder weist wenigstens Wege durch das Gestrüpp des Lebens. Der Wald, denken Sie an das Märchen vom Rotkäppchen, an Hänsel und Gretel, an Schneewittchen und ich könnte noch viele Märchen und Legenden aufzählen. Menschen, die im Wald sind und sich auf ihn einlassen, sind reifere Menschen. Was für uns in Mitteleuropa der Wald ist, ist für den Araber die Wüste. Da ich deren Sprache lerne und auch mit Arabern beruflich zu tun habe, beschäftige ich mich sehr mit deren Kultur. Es gibt ein arabisches Sprichwort, das lautet so: *So wie Wasser den Leib reinigt, so reinigt die Wüste die Seele.* Ich glaube genauso ist es mit dem Wald. Und das weiß ich aus eigener Naturerfahrung. Der Wald klärt mein Inneres, er führt meine Seele zurück zu den wirklich wichtigen Fragen des Lebens. Und ich werde mir

meiner Geschöpflichkeit bewußt. Vorausgesetzt, wir lassen uns auf ihn ein, wir überlassen uns dem Klang des Waldes, um seine Sprache zu erlernen.

Joseph von Eichendorff

Abschied (vom Walde)

O Täler weit, o Höhen, / O schöner, grüner Wald,
Du meiner Lust und Wehen / Andächtger Aufenthalt!
Da draußen, stets betrogen, / Saust die geschäftge Welt,
Schlag noch einmal die Bogen / Um mich, du grünes Zelt!

Wenn es beginnt zu tagen, / Die Erde dampft und blinkt,
Die Vögel lustig schlagen, / daß dir dein Herz erklingt:
Da mag vergehn, verwehen / Das trübe Erdenleid,
Da sollst du auferstehen / In junger Herrlichkeit!

Da steht im Wald geschrieben / Ein stilles, ernstes Wort
Von rechtem Tun und Lieben, / Und was des Menschen Hort.
Ich habe treu gelesen / Die Worte, schlicht und wahr
Und durch mein ganzes Wesen / Wards unaussprechlich klar.

Bald werd ich dich verlassen, / Fremd in der Fremde gehn,
Auf buntbewegten Gassen / Des Lebens Schauspiel sehn;
Und mitten in dem Leben / Wird deines Ernsts Gewalt
Mich Einsamen erheben, / So wird mein Herz nicht alt.

Zum Schluß meiner Predigt wünsche Ihnen und uns eine gute und erfolgreiche Jagdsaison, vor allem aber, daß Sie als Jäger und Jägerinnen ein Segen sind für die Natur, für das Leben und unsere Landschaft und alles Letztes, daß Sie im ehrfurchtsvollen Ausüben des heiligen Geheimnisses der Jagd Gottes Spuren und seine Nähe erfahren.

Der Friede Gottes senke in unser Herz die Liebe zu und die Achtung vor allem Leben. Amen.

Totensonntag 2013

Laßt eure Lenden umgürtet sein und eure Lichter brennen.
(Lukas 12, 35)

Liebe Gemeinde

schon als Kind habe ich den Totensonntag gemocht, und ich mag ihn noch. Warum, erzähle ich am Ende. Nur an einem Moment an diesem Tag war ich immer sehr beunruhigt, nämlich wenn im Gottesdienst das Evangelium gelesen wurde. Da haben einige der Frauen einfach Ersatzöl vergessen und plötzlich sind sie draußen. Ewige Verdammnis. Das fand ich immer ungerecht. daß die richtig Bösen in der Hölle landen, fand ich damals gerecht. Aber auch die, die nachlässig sind, nein das ist nicht gut und das denke ich auch heute noch. Und das ist auch tatsächlich eine Schwachstelle dieses Gleichnisses Jesu. Ob es wirklich von Jesus ist, ist sehr fraglich, die Wissenschaftler neigen dazu, es nicht Jesus zuzuordnen, dafür spricht, daß es nur bei Matthäus vorkommt. Also für alle, denen es so geht, wie mir früher, denen dieser Evangelientext Angst macht, man muß diesen Text in dieser Form nicht annehmen, er ist tatsächlich mißverständlich.

Überhaupt glaube ich nicht an das simple Konzept von Himmel und Hölle. Wir sind hier auf dieser Erde, um geformt zu werden. Es ist ein Entwicklungsort. Ich erinnere an die Worte John Keats', der sprach vom „Tal der Seelenformung". Wer die Herausforderungen hier annimmt und sich formen läßt, bereit ist zu lernen in Lebens- und Seelendingen, der wird weiterkommen. Und da denke ich an den Spruch des Tages aus Lukas 12, der dem Evangelientext verwandt ist, aber ohne diese angstmachende Komponente:

Laßt eure Lenden umgürtet sein und eure Lichter brennen.

Die Lenden gegürtet. Mit dem Licht in der Hand. Das ist ein schönes Bild. Ein schönes Programm für unser Leben. Wer gegürtet ist, kann sofort losgehen. Er ist beweglich und bereit. Und wer Licht hat, der sieht und erkennt.

Anders ausgedrückt, wer sich noch nie bewegt hat in seinem Leben, der sollte aufwachen. Wer seit Jahrzehnten die gleichen Ansichten hegt, der sollte sie prüfen. Jeder von uns geht durch's Leben … oder eben nicht, hat sich schon festgesetzt und niedergelassen. Und wer sich beizeiten den Gürtel abnimmt und niederläßt, der hat womöglich ein bequemes Leben, muß aber nachholen, was er hier zu lernen nicht bereit war. Wo, weiß ich nicht. Vielleicht an einem anderen, jenseitigen Ort oder wieder hier.

Was es heißt, sein Leben zu nutzen, das zeigt uns ein uns allen bekanntes Märchen. Hänsel und Gretel. In einer frühen Fassung werden sie nicht von der Mutter verjagt, sondern gequält, so daß sie beschließen, das Elternhaus zu verlassen. Anders ausgedrückt: Sie treten mutig ins Leben. Sie erkennen, man muß los im Leben, sich lösen von der Herkunft. Innerlich und manchmal auch äußerlich.

Wie oft habe ich erlebt, daß Leute im Gefängnis sitzen, weil sie im Leben nicht losgegangen sind. Einer z.B., ein Betrüger, der schon von seinen Eltern zum Betrug angeleitet wurde. Es gab Zeiten, da saß der Mann im Chemnitzer Knast und im selben Gefängnis seine Mutter in der Frauenabteilung. Und als er dann in Dresden saß und ich ihn betreute, sprach er immer mit Bewunderung von seiner Mutter. Ich sagte ihm, seine Mutter sei eine Betrügerin, da war er richtig böse. Er hätte im Leben losgehen müssen, weg von seinen betrügerischen Eltern. Er hätte sie ja als Eltern ehren können, aber nicht als Betrüger. Zugegeben, solche Eltern sind nicht häufig, das ist gut so, aber es gibt sie. Bei anderen habe ich sagen müssen: „Deine Freunde sind keine Freunde! Wenn Du raus kommst, distanziere Dich von ihnen, keinen Kontakt mehr zu diese Clique!“ Und wie oft saßen sie dann Monate nach der Entlassung wieder im Knast und ich und die selben „Freunde“ kamen zu Besuch, die selbe Clique von Drogendealern. Man muß losgehen können im Leben, man muß bereit sein zur Bewegung. Nur man selbst kann das tun. Gegürtet sein.

Ich weiß, in der späteren Fassung der Gebrüder Grimm werden sie im Wald ausgesetzt. Und da gibt es eine schöne Szene. Hänsel und Gretel schlafen im Wald und Gretel fürchtet sich im dunklen Wald. Wie verständlich ist doch dies. Aber Hänsel beruhigt sie, während sie zusammengekuschelt im weichen Moos liegen und sagt „Schlaf nur, lieb Gretel, der liebe Gott wird uns schon helfen ...“ Das ist das, was mit dem Licht gemeint ist. Laßt eure Lichter brennen. Im Geist, in der Seele die Verbindung zu Gott haben und behalten. Das gesprochene Gebet ist dabei nicht alles. Mancher hier in unserer Gegend sucht die Verbindung zu Gott in der Natur. Und das ist tatsächlich ein guter Ort dafür. Ich tue das auch ganz oft. Mal still sein in der Natur und auf Gottes Stimme in sich selbst hören. Das kann man auch gemeinschaftlich tun. In Dresden besuche ich gelegentlich einen Meditationskreis. Da treffen ganz wenige – vier bis sechs – Christen, katholische, evangelische, und in einer kleinen Kapelle meditieren wir. Ohne zu sprechen sitzen wir auf dem Fußboden auf kleinen Meditationsbänkchen und schweigen 25 Minuten lang, dann gehen wir in einer Reihen mehrmals um den Altar – alles schweigend – und dann sitzen wir nochmal etwa 25 Minuten und meditieren. Leider kann ich nur selten dorthin gehen, aber es ist immer eine ganz besondere Stunde. Und es ist spürbar eine Verbindung zum Heiligen da. Die Gruppe trifft sich vierzehntägig, ich bin froh, wenn ich es einmal im Monat zu dieser Meditationsgruppe schaffe. Ins Leben gerufen übrigens von einer Nonne des Ordens der barmherzigen Elisabeth. Sie müssen nicht so eine Gruppe aufsuchen. Aber Wege und ein kleines Ritual vielleicht, um immer wieder das Licht Gottes in die Seele fließen zu lassen. Das ist gut.

Gute Gemeinschaft. Hänsel und Gretel halten zueinander. Auch dann, als Hänsel im Käfig der Hexe gefangen ist, halten beide zueinander. Gretel hätte vielleicht fliehen können, sie wird ja als Magd von der Hexe ausgenutzt, nein sie bleibt, weil Hänsel sie braucht. Und mit List, man kann aber auch sagen: mit Licht überlisten, überwinden sie die Hexe, überwinden das Böse. Und sie werden beschenkt. Sie finden

den Schatz der Alten und kehren damit zurück. In den verschiedenen Fassungen kommen dann auch noch hilfreiche Wesen vor. Auf ihrem Heimweg kommen sie an ein unüberwindliches Gewässer. Eine Ente kommt und trägt die Kinder übers Wasser. In einer weiteren Fassung frißt ein weißer Vogel zwar die Brotkrumen auf, die Hänsel im Wald verstreut, um den Heimweg wieder zu finden, dann aber weist dieser Vogel den Weg zurück zum Vaterhaus. Ein weißer Vogel, klar, ein Gottesvogel. Gott schickt helfende Wesen. Helfende Wesen sind um uns. Schutzengel, wie wir auch sagen.

Gegürtet sein, bereit sein zur Bewegung. Licht tragen, das Licht göttlicher Erkenntnis immer wieder suchen und ins Ich tragen. Das ist das Rezept für einen guten Lebensweg, der uns, wie Hänsel und Gretel, zurück ins Vaterhaus bringt, in eine gute Ewigkeit.

Die Lesung des Evangeliums war für mich immer das einzige Beunruhigende am Totensonntag oder Ewigkeitssonntag. Dann nach dem Gottesdienst gab es Mittagessen, Mittagsruhe und dann der Gang zu den Friedhöfen. Der Trinitatisfriedhof und der Tolkewitzer Friedhof. Auf dem ersten lag die verstorbene erste Frau meines Vaters (heute liegt er selber dort) und auf dem Tolkewitzer Friedhof mein Uropa. Und das fand ich immer schön. In der Dämmerung die Lichter auf dem Friedhof und die vielen Menschen mit Blumen und Kränzen. Das hat etwas Friedliches und Ruhevolles, auch Weihevolles.

Bis heute sind für mich Friedhöfe gute Orte, Orte des Friedens und der Ewigkeit. Überall wo ich bin, gehe ich gerne auf die Friedhöfe. Sie erinnern mich daran, gegürtet zu bleiben, bereit sein, mich formen zu lassen in diesem Leben, meine Aufgaben hier zu erfüllen. Und ich werde erinnert, mein Licht zu tragen, meine Seelenverbindung zum ewigen Grund alles Seins, zu Gott zu halten. Amen.

Reformationsfest 2013

Selig sind, die reinen Herzens sind, denn sie werden Gott schauen. (Matthäus 5,8)

Liebe Gemeinde,

gefürchtet waren sie, die Wikinger, wenn sie mit ihren markanten Booten die Küsten erreichten, dann war da Angst und Schrecken der ansässigen Bevölkerung, denn die Wikinger waren ein streitbares und kriegerisches Völkchen, nein eine maritime Macht. Ihr Einfluß reichte einst vom Mittelmeer – ja gar am Schwarzen und Kaspischen Meer räuberten sie – bis Grönland und zu den nordamerikanischen Küsten. Und überall, wo diese gefürchteten Nordmänner sich dauerhaft niederließen, ging die Urbevölkerung zugrunde. Die meisten der heutigen Skandinavier sind ihre Nachfahren. Aber es gab auch Gegenden, wo sie nach einigen hundert Jahren wieder verschwanden und die Urbevölkerung heute noch lebt. Ein Beispiel dafür ist Grönland. Zwei Siedlungen hatten die Wikinger dort errichtet, nachdem sie im Jahr 892 gelandet sind. Und sie fanden zunächst günstige Bedingungen dort, sie führten die Schafhaltung ein und konnten ihren Lebensstil, wie sie ihn von ihrer skandinavischen Heimat gewohnt waren fortführen. Doch dann im 15. Jahrhundert gaben die Wikinger ihre zwei grönländischen Siedlungen auf.Eine große Niederlage eines stolzen Volkes. Warum kam es dazu? Dazu später mehr. Nur so viel zunächst, dies hat etwas mit Veränderungsbereitschaft zu tun, mit der Fähigkeit zur Erneuerung, zur Reformation.

Reformation. Das feiern wir in fünf Jahren ganz groß. Und es fängt schon an. Überall in unseren evangelischen Kirchen wird die Reformationsdekade begangen. Zehn Jahre lang erinnern wir uns des epochalen Wandels, der mit Luther und den Humanisten der mittel- und nordeuropäischen Renaissance einherging. Jetzt zum Pfarrertag, dem jährlichen Treffen aller Pfarrerinnen und Pfarrer mit dem Bischof, war ein Vortrag zu hören darüber, was wir 2017 denn zu feiern haben. Es wurde erinnert an die tatsächlich bahnbrechende Entdeckung des sola gratia – allein aus Gnade – welches Luther gegen den Kuhhandel des Ablasses stellte. Und dennoch blieb mir ein fader Nachgeschmack am Ende dieses Vortrages, das Wesentliche schien mir nicht berührt zu sein. Was ist das Wesentliche? Zunächst müssen wir wahrnehmen, was ist. Die Kirchen werden leerer. Ja, auf das was der Papst sagt, wird noch gehört, immerhin repräsentiert er eine Weltkirche, aber die Stimmen der evangelischen Kirchen, obgleich in ihrer Gesamtheit genauso groß, verhallen mit geringer oder gar keiner Bedeutung. Kirche ist für viele, nein: für die meisten Menschen uninteressant. Sind diese Menschen areligiös? Fehlt ihnen die Dimension des Heiligen, des Göttlichen, des Jenseitigen? Nein. Und dieses Nein sage ich aufgrund meiner Erfahrungen. Immer wieder gelingt es mir, mit kirchenfernen Menschen ins Gespräch über das Heilige zu kommen. Nicht daß ich das irgendwie anregen oder machen muß, es ergibt sich einfach häufig. Und dann spüre ich immer, diese Menschen machen Erfahrungen mit dem Heiligen, mit Gott, kurz: Menschen machen spirituelle Erfahrungen. Ja, warum kommen die dann nicht zur Kirche, mag man einwenden. Die Antwort ist ganz einfach. Sie werden mit ihren Erfahrungen in der Kirche nicht ernst genommen. Der Grundfehler der Kirche ist ein ganz einfacher: In der Kirche ist nicht der Mensch mit seiner Geschichte das wichtigste, sondern die Kirche mit ihrer Geschichte. „Geschichte“ im umfassendsten Wortsinn: Die Historie und Tradition ist der Kirche wichtiger als der jeweilige Mensch, aber auch die Geschichte, die Theologie, die die Kirche predigt. Immer wurden in der Kirche die Menschen darüber belehrt, wie sie zu glauben haben und – vor allen Dingen – *was* sie zu glauben haben. Der Mensch aber mit seiner Geschichte, mit seinen Erfahrungen wird zunächst nicht wahrgenommen und so angenommen, wie er eben ist. Das ist – bis auf ganz wenige Ausnahmen – bis heute so. Und das ist der Grundfehler der Kirche und der Grund, warum sie immer bedeutungsloser wird. daß der Mensch selber ein mündig Glaubender sein kann, wird ihm nicht zugetraut. Die Lehre der Kirche sei das verbindende, so sagt die Kirche, wenn wir sie nicht betonen, dann fällt alles auseinander. Aber es fällt ja jetzt schon auseinander, wende ich ein. Und tatsächlich, erst wenn die Kirche den Menschen zuallererst sieht und ihn ernst nimmt samt seinen Erfahrungen und diese Erfahrungen nicht als der Lehre der Kirche untergeordnet ansieht, erst dann kann Kirche wieder lebendig werden. Der Glaubende braucht die Kirche nicht, der Glaubende findet überall Gleichgesinnte oder andere Gruppen, auch Gruppen anderer Religionstraditionen, wo er sich ernst genommen weiß. Dann geht er dort hin. Und Gott geht es auch nicht um die Kirche, Gott geht es zuallererst um den Menschen. Das können wir immer wieder an Jesus sehen. Wenn ein Mensch mit einem Problem zu ihm kam, dann hat Jesus ihm Zuwendung und ganz oft Heil oder Heilung gespendet und hat sie nicht belehrt, was sie glauben sollten. Er hat ihr Vertrauen gelobt oder betont: „Dein Glaube hat dir geholfen."

Und damit bin ich beim Predigttext angekommen, der heute in den Seligpreisungen steht, der Vers 8 im Matthäusevangelium Kapitel 5:

Selig sind, die reinen Herzens sind, denn sie werden Gott schauen. (Matthäus 5,8)

Hier geht es um die ganz persönliche Reformation, oder Erneuerung des Menschen hin zu Gott. Zuerst der Weg, dann das Ziel. Das Ziel ist: Gott schauen. Gemeinschaft mit Gott. *Ja*, mag man einwenden, *Gemeinschaft werden wir doch dann erfahren ... dann in der anderen Welt*. Doch hier ist die Hinwendung zu Gott, der Weg zur Gottesbegegnung in diesem Leben gemeint. *Gott schauen* ... ein großes Wort. Doch es ist so gemeint, wie wir im Alltag sagen: „Wir sehen uns am Mittwoch" und es ist doch viel mehr gemeint, als nur einander sehen, wir begegnen einander. In allen Religionen gibt es eine Kultur dieses Weges hin zu Gott. Nur nicht – oder kaum – in der evangelischen Kirche. Einander auf diesem Weg begleiten und bestärken. In katholischen oder orthodoxen Klöstern findet das statt. Im Buddhismus gibt es

Gegenden, wo jeder junge Mann für eine Zeit ins Kloster geht, um diesen Weg hin zur Gottesbegegnung einzuschlagen. In den traditionellen Naturreligionen gibt es das auch, bei den Schamanen. Überall. Nur bei uns gibt es keine *Kultur des spirituellen Weges*, wie ich es gerne nenne. Und das ist – glaube ich – der schwache Punkt in unserer Kirche. Es fehlt die innerste und wichtigste Energie, die Kultur des Weges zu Gott. Manche behaupten zwar, daß sie diesen Weg gehen, die Evangelikalen, aber bei ihnen besteht dies auch nur in der Übereinkunft dessen, was zu glauben ist und was nicht ... verbunden mit anachronistischen und moralisierenden Lebensregeln, die Sexualität oder sonstige Lebenswandelthemen betreffend.

Und wenn jemand von selbst losgeht, den inneren Weg zu Gott beschreitet, dann wird dies beargwöhnt. Da erinnere ich an den von mir schon mehrfach erwähnten Jacob Böhme, der im frühen 17. Jahrhundert deswegen sogar im Gefängnis landete. Er war evangelischer Christ in Görlitz.

Selig sind, die reinen Herzens sind, denn sie werden Gott schauen.

Ein reines Herz. Wie geht das. Das geht so: Man lebt in dieser Welt, geht seinen Weg in dieser Welt und ist dieser Welt auch zugewandt. Aber das alles ist nicht das Wichtigste. Das Wichtigste muß die Gottessuche sein, die Suche nach der Weltwahrheit. Nach dem Urgrund. Und wenn etwas diese Suche verstellt, muß es raus aus dem Herzen. Reinemachen. Leer werden. Der spätmittelalterliche Mystiker Meister Eckhart verwendet dafür den Begriff „Entwerdung“. Das was wir meinen zu sein, nämlich irdische Menschen und nichts sonst, diese Überzeugung müssen wir ausräumen, dessen was wir zu sein meinen, *entwerden*. Erkennen, was wir sind, mit den Worten Wayne Dyers, eines amerikanischen Psychotherapeuten und Schriftstellers, ausgedrückt, klingt das so: „Wir sind nicht Menschen, die eine spirituelle Erfahrung machen, sondern spirituelle Wesen, die eine menschliche Erfahrung machen.“ Wenn wir beginnen, dieser Erkenntnis zu folgen, werden wir das Göttliche in uns erfahren, werden wir Gott, dem Urgrund begegnen, hier und jetzt. Das ist die eigentliche Reformation. Und wenn unsere Kirche nicht erkennt, daß es auf diesen inneren Weg eines jeden Menschen hin zu Gott ankommt, wenn wir nicht eine Kultur dieses inneren Weges entwickeln, dann wird unsere Kirche keine Zukunft haben.

Warum nun haben im 15. Jahrhundert die Wikinger ihre normannischen Siedlungen in Grönland aufgeben müssen? Sie fühlten sich der Kultur der Inuit, der Eskimos überlegen. Sie bauten Schiffe aus Holz, rodeten die Wälder. Sie führten Schafe ein, die die gesamte grönländische Vegetation wegfraßen, die damals recht üppig war im Gegensatz zur heutigen Zeit – Grönland heißt Grünland. Die Inuit wußten das. Sie hatten kleine wendige Boote aus Tierhaut mit nur dünnen Streben und sie ernährten sich von den Robben und Fischen des Meeres, weil das Land nicht genug hergab. Robben und Fische galten den Wikinger als Barbarenspeise. Sie waren nicht fähig, ihre Lebensgewohnheiten, ihre Kultur zu reformieren, den Bedingungen des Landes anzupassen, deshalb scheiterten sie in Grönland. Fehlende Fähigkeit zur Reformation, zur Neuorientierung. Das führt immer zum Niedergang.

Das Erinnern an die Reformation, das Feiern dieser großartigen Epochenwende reicht nicht. Wir müssen unsere Reformationsbedürftigkeit erkennen und dann uns neu orientieren. Und das heißt für unsere Kirche, wahre Spiritualität zuzulassen und zu fördern, den inneren Weg des Einzelnen zu Gott ernstnehmen und unterstützen. Und dabei hindert uns jeglicher Dogmatismus, denn vertrauensvoll und mutig den Weg zu Gott zu gehen ist wichtiger, als über Glaubenslehren zu streiten.

Selig sind, die ihr Herz reinigen, um Gott zu schauen. Amen.

Nachwort

Die Predigten, die für dieses Buch ausgewählt wurden, führen uns durch das ganze Kirchenjahr. Dabei werden nicht nur die Hochfeste, wie Weihnachten, Ostern und Pfingsten vorgestellt, sondern auch viele Sonntag im Jahr. Für Christen sind auch sie festliche Tage, mit denen die neue Woche beginnt.

Der Autor und Pfarrer, Thomas Günther, geht in seinen Predigten weit über die einfachen Erklärungen zu den Texten hinaus. Er stellt seine Betrachtungen stets in den großen Zusammenhang aller Weltreligionen. So werden biblische Überlieferungen im Kontext mit Erfahrungen aus islamischen, buddhistischen oder hinduistischen Schriften verglichen und gleiche Erkenntnisse aufgezeigt.

Besonders die Glaubenserfahrungen christlicher Mystiker, wie Jacob Böhme oder Meister Eckhart bewegen den Autor immer wieder. Er versucht, dieses spirituelle Wissen den Hörern und Lesern seiner Predigten heute nahezubringen. Die Sinnfragen unseres Dasein werden aus dieser tiefen spirituellen Sicht betrachtet. Da fließt dann auch die Gottesschau aus den unterschiedlichsten Kulturkreisen mit ein, zwei Beispiele sind Johannes vom Kreuz und der Schamane der Lakota-Indianer Black Elk.

Sehr schön und poetisch sind in den Predigten die Interpretationen von Gedichten. Hier will ich nur Friedrich Rückert, Rainer Maria Rilke, Theodor Storm oder Gerhart Hauptmann nennen. Sehr kenntnisreich bezieht der Autor auch Liedertexte in seine Betrachtungen ein.

Als Leser sollte man stets im Auge behalten, daß es sich hier um Predigten handelt, also um das gesprochen Wort. Nur wenige Änderungen sind für den Druck vorgenommen worden. Wir lesen die Predigten so, wie sie der Verfasser vor seiner Gemeinden gehalten hat.

Inge Müller

Personenregister

Bildnachweis

Die Aufnahme von der St. Anna-Kapelle im Vorgebirge zum Riesengebirge bei Karpacz/Krummhübel (Polen) auf Seite 38 entstand im April 2011 durch den Autor.

Printed by Books on Demand GmbH, Norderstedt / Germany